Agile Scrum Handbuch

Andere Ausgaben bei Van Haren Publishing

Van Haren Publishing (VHP) ist auf Veröffentlichungen über Best Practices, Methoden und Standards in den folgenden Domänen spezialisiert:
- IT und IT Management
- Enterprise-Architektur
- Business Management und
- Projektmanagement

Van Haren Publishing ist außerdem der Herausgeber von führenden Institutionen und Unternehmen darunter: ASLBiSL Foundation, BRMI, CA, Centre Henri Tudor, CATS CM, Gaming Works, IACCM, IAOP, IFDC, Innovation Value Institute, IPMA-NL, ITSqc, NAF, KNVI, PMI-NL, PON, The Open Group, The SOX Institute.

Die Themen der einzelnen Domänen sind:

IT und IT Management
ABC of ICT
ASL® CMMI®
COBIT®
e-CF
ISO/IEC 20000
ISO/IEC 27001/27002
ISPL
IT4IT®
IT-CMF™
IT Service CMM
ITIL®
MOF
MSF
SABSA
SAF
SIAM™
TRIM
VeriSM™

Enterprise-Architektur
ArchiMate®
GEA®
Novius Architectuur
Methode
TOGAF®

Projektmanagement
A4-Projektmanagement
DSDM/Atern
ICB / NCB
ISO 21500
MINCE®
M_o_R®
MSP®
P3O®
PMBOK®
Guide Praxis®
PRINCE2®

Business Management
BABOK® Guide BiSL® und
BiSL® Next
BRMBOK™
BTF
CATS CM®
DID®
EFQM
eSCM
IACCM
ISA-95
ISO 9000/9001
OPBOK
SixSigma SOX
SqEME®

Die neuesten Informationen zu VHP-Publikationen finden Sie auf unserer Website: www.vanharen.net.

Agile Scrum Handbuch

3. Ausgabe

Nader K. Rad

Impressum

Titel:	Agile Scrum Handbuch – 3. Ausgabe
Autor:	Nader K. Rad
Lektor:	Stephen Brightman
Übersetzung aus dem Englischen:	Andrea Kaufer-Ehm
Herausgeber:	Van Haren Publishing, 's-Hertogenbosch-NL, www.vanharen.net
DTP:	Coco Bookmedia, Amersfoort
ISBN Hard copy:	978 94 018 0844 6
ISBN ebook (pdf):	978 94 018 0845 3
ISBN ePUB:	978 94 018 0846 0
Auflage:	Dritte Aufsgabe, erste Auflage, März 2022
Copyright:	Nader K. Rad & Van Haren Publishing

Weitere Informationen zu Van Haren Publishing erhalten Sie per E-Mail unter: info@vanharen.net.

Inhalt

1. Das Agile Konzept

Um Agile ranken sich viele Mythen und Legenden. Dies gilt nicht zuletzt auch für die Antwort auf die grundlegendste aller Fragen: **Was versteht man unter Agile?**

Die Antworten darauf sind häufig missverständlich wie: „Agile ist eine Einstellung, ein „Mindset". Aber diese Aussage ist falsch. Agile ist kein Mindset. Richtig ist dagegen, dass Agile ein bestimmtes Mindset voraussetzt. Bezeichnet man Agile als Mindset, so führt dies in der Praxis lediglich dazu, dass manche Mitarbeiter: innen machen, was sie wollen und es Agile nennen, weil dies gerade in Mode ist.

Ein anderes auf diesem Gebiet weit verbreitetes Problem ist die Illusion des externen Feinds. Wer weiß, wie autoritäre Systeme funktionieren, weiß auch, dass ein solches System immer ein Feindbild braucht, um von den Schwächen im eigenen System abzulenken. Ein Feindbild schafft ein gemeinsames Ziel und täuscht darüber hinweg, dass es keine echten, erreichbaren internen Ziele gibt. Viele Agile-Fachleute gehen leider ähnlich vor, in der Regel zum persönlichen Vorteil einiger weniger Führungskräfte.

Die beste Strategie im Berufsleben ist jedoch, für alles offen zu sein und von allen Ansätzen und Methoden zu lernen. Etwas zum Kult zu erheben ist nie förderlich. Dies deckt sich auch mit dem ersten Grundsatz im Leitfaden Nearly Universal Principles of Projects: https://nupp.guide

Sehen wir uns nun also an, was Agile wirklich bedeutet.

1.1 Die verschiedenen Vorgehensweisen in der Softwareentwicklung

In der Softwareentwicklung werden folgende Schritte entweder für einzelne Features oder für die gesamte Softwarelösung auf die eine oder andere Weise durchgeführt:

- Analyse
- Design (Entwurf)
- Realisierung
- Integration
- Test

Selbstverständlich können diese Schritte auch anders bezeichnet, in weniger Schritte zusammengefasst oder in mehr Schritte aufgeteilt werden. Alles ist möglich. Zur Abgrenzung von Managementprozessen, wie Planung und Überwachung, werden diese Schritte auch als **Delivery-Prozesse** bezeichnet.

Wie also werden Sie diese Prozesse organisieren und durchführen? Überlegen Sie sich ein paar Möglichkeiten, bevor Sie den Rest dieses Kapitels lesen.

1.1.1 Der prädiktive Ansatz

Wahrscheinlich haben Sie schon ein paar Möglichkeiten im Kopf, die alle zu einer der zwei generischen Formen gehören, die wir im Folgenden erörtern werden. Diese Optionen bezeichnet man übrigens auch als **Lebenszyklus der Entwicklung oder Entwicklungsverfahren**.

Die Abbildung unten zeigt einen generischen Lebenszyklus der Entwicklung.

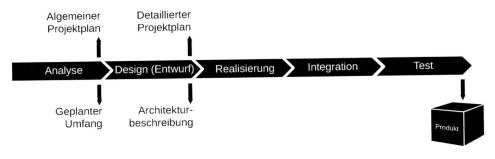

In diesem Lebenszyklus wird jeder Prozess abgeschlossen, bevor man zum nächsten Prozess übergeht:

1. Zuerst werden alle Anforderungen vollständig analysiert und festgelegt, was die Lösung beinhalten muss.
2. Danach entwirft man die Architektur der Lösung und untersucht, wie sich die Features am besten gestalten lassen.

3. Im Anschluss daran beginnen die Programmierer mit der Realisierung der Einheiten.
4. Die Einheiten werden dann in einer Lösung zusammengeführt.
5. Abschließend wird die gesamte Lösung getestet und eventuelle Fehler werden behoben.

Natürlich können sich diese Schritte auch überlappen. So kann beispielsweise mit der Integration und dem Testen begonnen werden, bevor alle Einheiten vollständig vorliegen. Ein solcher Lebenszyklus mit Überlappungen sieht dann wie folgt aus:

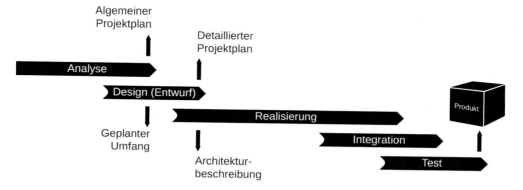

Dieser Lebenszyklus unterscheidet sich nicht grundlegend vom vorherigen Lebenszyklus, da auch in diesem Fall eine sequenzielle Abfolge von Entwicklungsprozessen vorliegt.

Grundvoraussetzung für diese Art von Lebenszyklus ist die anfängliche Analyse, die uns zeigt, was wir bauen müssen. Die Spezifikation, das Design und folglich auch der Plan (Entwurf) liegen bereits im Vorfeld vor. Man spricht daher auch von einer **plangesteuerten Entwicklung.** Darüber hinaus versuchen wir vorherzusagen bzw. zu prognostizieren, was wir benötigen und wie sich dies realisieren lässt. Deshalb spricht man auch häufig von **prädiktiver Entwicklung.**

Der prädiktive Lebenszyklusansatz ist bei vielen Projekten, die normale und geeignete Form der Projektentwicklung. So zum Beispiel bei Bauvorhaben. Zuerst erstellt man einen Rohplan oder -entwurf und erst danach folgen dann die optimierten und detaillierten Pläne und Entwürfe. Für andere Projekte dagegen ist diese Vorgehensweise nicht optimal. So zum Beispiel bei typischen Projekten in der IT-Entwicklung. Hier investiert man unter Umständen viel Zeit in die Spezifikation und in die Analyse der Anforderungen, auf denen dann alles weitere aufbaut. Und was passiert dann häufig? Die Kunden sind mit dem Ergebnis nicht zufrieden. Sie wünschen Veränderungen. Aber Veränderungen sind bei diesem Lebenszyklusansatz kostspielig, da möglicherweise alles, was bis zu diesem Zeitpunkt erstellt wurde, geändert werden muss.

In der IT-Branche gilt es als offenes Geheimnis, dass viele Kunden erst wissen, was sie wollen, wenn sie das Produkt sehen. Aber wann bekommen die Kunden das Produkt bei einem prädiktiven Lebenszyklusansatz zu sehen? Richtig erst gegen Ende des Projekts und damit zu einem Zeitpunkt, an dem die Veränderungskosten am höchsten sind.

Die Agile Community bezeichnet prädiktive System in der Regel als **Wasserfallsysteme**. Diese Bezeichnung ist inzwischen jedoch negativ konnotiert und sollte daher nicht mehr verwendet werden, da dies in einer an sich rationalen Unterhaltung über verschiedene Entwicklungsansätze eine gewisse Voreingenommenheit zur Folge hätte.

1.1.2 Der adaptive Ansatz

Die Probleme, die prädiktive Lebenszyklen bei IT-Entwicklungsprojekten verursachen, lassen sich überwinden, indem wir den Komfort und die Struktur eines prädiktiven Systems zugunsten eines anderen Lebenszyklusansatz opfern, bei dem das Produkt inkrementell entwickelt und dabei immer wieder gemeinsam mit den Kunden und Usern (Benutzern und Benutzerinnen) überprüft wird. Diesen Luxus bietet uns die IT-Entwicklung im Gegensatz zu vielen anderen Bereichen. Denken Sie nur einmal an ein Bauprojekt. Bei einem Bauprojekt gibt es keine sinnvollen Inkremente und das Produkt ist erst am Ende des Projekts einsatzfähig.

Fairerweise muss hier jedoch gesagt werden, dass sie bei einem Bauvorhaben zwar keine Inkremente entwickeln können, dafür aber beim Bau eines Krankenhauses, ganz gleich wie viele Änderungen sie auch vornehmen, am Ende immer ein Krankenhaus entsteht und nicht zum Beispiel ein Freizeitpark. In der IT-Entwicklung dagegen, kann es durchaus vorkommen, dass sie im übertragenen Sinn mit dem Bau eines Krankenhauses beginnen und am Ende kommt eine Art Freizeitpark heraus.

Machen wir uns also mit einem Lebenszyklusansatz wie in der Abbildung unten dargestellt die Tatsache zu Nutze, dass bei IT-Entwicklungsprojekten Inkremente geliefert werden können

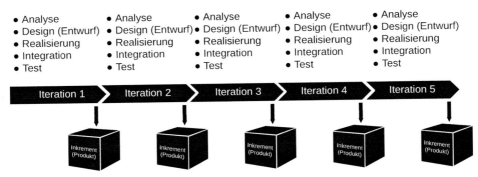

Bei diesem Lebenszyklus gibt es keine wirklichen Prognosen. Anstatt das Produkt detailliert zu planen (und sich auf den Plan oder Entwurf zu verlassen), werden in kurzen Iterationen Inkremente des Produkts erstellt. Jede Iteration konzentriert sich dabei auf ein paar vielversprechend erscheinende Features. Wir bauen ein Inkrement, stellen es den Kunden und Usern vor, holen ihr Feedback dazu ein und entscheiden dann, was wir in der nächsten Iteration tun. Wir treffen also keine Vorhersagen mehr, sondern setzen das Projekt fort, indem wir es an das Feedback anpassen (adaptieren). Dies entspricht einem **adaptiven Lebenszyklusansatz.** „Agile" ist die populäre Bezeichnung für adaptive Systeme.

Um ein Inkrement zu erstellen, müssen alle Entwicklungsprozesse innerhalb eines bestimmten Zeitraums ausgeführt werden. Im nächsten Zeitraum wird das Ganze dann wiederholt bzw. iteriert. Daher bezeichnet man diese Zeitspannen auch als **Iterationen** und diese Art der Entwicklung als **iterative Entwicklung.** In der iterativen Entwicklung wird jeder Prozess (wie z. B. das Design) nicht nur einmal für das Produkt ausgeführt, sondern für verschiedene Elemente des Produkts wiederholt, d. h. mehrfach ausgeführt.

Die Entwicklung in Iterationen und die Lieferung in Inkrementen erfolgen in der Regel in Kombination.

1.1.2.1 Iterationen mit festgelegtem Umfang versus Iterationen mit festgelegter Dauer

Was ist Ihrer Meinung nach vorzuziehen, Iterationen mit festgelegtem Umfang oder Iterationen mit festgelegter Dauer?

Theoretisch ist beides möglich, aber in der Praxis haben sich Iterationen mit festgelegter Dauer bewährt, denn bei Iterationen mit festem Umfang:

- verschwendet man möglicherweise zu viel Zeit auf einzelne Features und auf Schnickschnack. Bei Iterationen mit festgelegter Dauer dagegen ist man kontinuierlich angehalten, sich zuerst auf die Aspekte zu konzentrieren, die am meisten Wert bringen.
- benötigt man in der Regel mehr Zeit als erwartet, um den Umfang abzuschließen. Dies wiederum führt zu längeren Iterationen und reduziert die Zahl der Feedback-Schleifen. Weniger Feedback bedeutet aber auch weniger Adaption.

Daher nutzen fast alle Agilen Methoden Iterationen von fester Dauer, sogenannte **Timeboxes**, und bestehen meist auf deren Einhaltung. Eine Timebox ist eine Zeitspanne mit einer maximalen (oder festgelegten) Zeitdauer, die unter keinen Umständen verlängert wird (denn wenn man sie einmal verlängert, wird dies gerne zur Gewohnheit).

1.1.2.2 Länge der Iterationen

Wir haben also festgestellt, dass Iterationen zeitlich beschränkt, d. h. timeboxed, sind. Welche Dauer sollte eine solche Iteration demnach haben?

Wir können zwar jederzeit Feedback einholen, aber maßgeblich ist das strukturierte Feedback am Ende jeder Iteration. Bei kürzeren Iterationen erhalten wir demnach häufiger strukturiertes Feedback und somit mehr Möglichkeiten zur Adaption. Andererseits sollte eine Iteration ausreichend Zeit bieten, um eine Reihe von Features zu erstellen, damit sich ein ernsthaftes Review gemeinsam mit dem Kunden lohnt. Mit anderen Worten, eine Iteration sollte auch nicht zu kurz sein.

In den Anfangszeiten der Agilen Systeme galten 4 bis 8 Wochen als ideale Länge für eine Iteration. Inzwischen haben sich jedoch kürzere Iterationen durchgesetzt. Heute gilt in den meisten Systemen eine maximale Länge von vier Wochen und sogar eine Länge von nur einer Woche erscheint angesichts der modernen Technologien als praktikabel.

1.1.2.3 Gleiche oder unterschiedliche Längen?

Was meinen Sie? Ist es besser, wenn alle Iterationen gleich lang sind, oder sollte die Länge flexibel sein?

Iterationen von gleicher Länge sorgen für mehr Disziplin und Regelmäßigkeit. In den meisten Fällen ist es nicht erforderlich, die Dauer jeder einzelnen Timebox separat festzulegen. Deshalb setzen die meisten Systeme für alle Iterationen die gleiche Länge an. In diesem Fall kann man die timeboxed (zeitbegrenzte) Länge einer Iteration ändern, ohne die Länge jeder einzelnen Iteration separat festlegen zu müssen.

1.1.2.4 Was passiert in den Iterationen?

Eine Iteration ist eine Zeitspanne, in der wir die Entwicklungsprozesse wiederholen. Aber wie machen wir das?

Die Abbildung unten zeigt zwei Möglichkeiten:

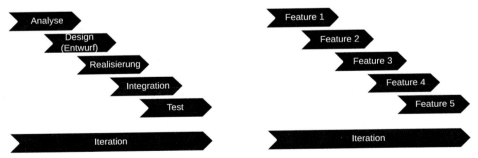

Bei der Möglichkeit links konzentrieren wir uns auf die einzelnen Entwicklungsprozesse und führen diese für alle Features einer Iteration durch. Man könnte von einem leicht prädiktiven Lebenszyklusansatz sprechen.

Bei der Möglichkeit rechts konzentriert man sich auf ein Feature oder mehrere Features und führt für diese(s) alle Entwicklungsprozesse durch. Dies könnte man als fast nicht prädiktiven Ansatz bezeichnen.

Wir bevorzugen die zweite, Möglichkeit, die auf Features basiert, weil sie mit den zeitlich begrenzten (timeboxed) Iterationen kompatibel ist.

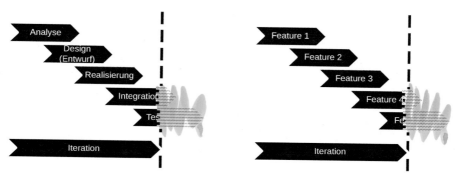

Ist die maximale Länge einer Iteration begrenzt, kann es vorkommen, dass am Ende der Iteration nicht alles fertiggestellt ist. Bei dem auf Features basierenden Ansatz bedeutet dies, dass ein paar Features nicht fertiggestellt sind. Bei dem anderen Ansatz hingegen ist bei allen Features mindestens ein Entwicklungsprozess nicht abgeschlossen, sodass am Ende der Iteration kein brauchbares Ergebnis vorliegt, das wir vorstellen und für das wir Feedback einholen können.

1.1.2.5 Inkrement versus Ergebnis

Jedes Inkrement ist ein Ergebnis, aber nicht jedes Ergebnis ist ein Inkrement.

Mit Inkrement bezeichnen wir die Inkremente eines Produkts. Bei der IT-Entwicklung sind dies die verschiedenen Versionen einer funktionierenden Software. Jedes neue Inkrement ist eine einsatzfähige Version desselben Produkts mit mehr Features. Die Einsatzfähigkeit muss sichergestellt sein, um zuverlässiges Feedback zu ermöglichen.

Ein Ergebnis dagegen kann so gut wie alles sein, was im Rahmen eines Projekts erstellt wird. In einem prädiktiven Projekt beispielsweise sind der vorläufige Entwurf und der vorläufige Plan zwar Ergebnisse, aber keine Inkremente des Produkts.

Da Agiles Vorgehen in Mode ist, bezeichnen manche ihre Ergebnisse als Inkremente und behaupten dann, sie seien Agile.

1.1.2.6 Iterationen versus Zyklen

Jede Iteration ist ein Zyklus, aber nicht jeder Zyklus ist eine Iteration.

Eine Iteration ist eine besondere Art von Zyklus, in dem sich sowohl **Entwicklungsprozesse** als auch **Managementprozesse** wiederholen. Viele Systeme bestehen aus Zyklen, in denen jedoch nur die Management- und nicht auch die Entwicklungsprozesse wiederholt werden. Beispiele hierfür sind der große monatliche Zyklus und der kleine wöchentliche Zyklus in P3.express, die Phasen bei PRINCE2®, und die Phasen im PMBOK®-Guide.

Arbeiten wir den Unterschied heraus. Stellen Sie sich einen Zyklus vor, der über eine eigene Planung, Überwachung sowie Steuerung und einen eigenen Abschluss verfügt. Die Tatsache, dass diese Managementprozesse wiederholt werden, ist der Grund für die Bezeichnung als Zyklus. Stellen Sie sich nun einmal vor, es handele sich um ein prädiktives Projekt. In einem Zyklus geht es um die Spezifikation der Anforderungen, im nächsten um den Entwurf des Produkts und so weiter. Dies wäre ein zyklisches System ohne Iterationen.

Viele denken nun, dass sie, sobald erkennbare Zyklen vorliegen, ihre Projekte als iterative und daher Agile Projekte bezeichnen könnten. Das ist jedoch nicht korrekt. Noch verwerflicher als Managementprozesse mit Entwicklungsprozessen zu verwechseln ist jedoch, wenn einfach irgendwelche Zeitspannen in Projekten als Iterationen bezeichnet werden, wie z. B. wöchentliche Iterationen, obwohl in diesen Zeiträumen überhaupt keine Prozessiteration stattfindet.

1.1.2.7 Testen und Qualität bei Agilen Modellen

Das nachfolgende Diagramm zeigt stark vereinfacht, wie das Testen in den jeweiligen Lebenszyklusansätzen erfolgt.

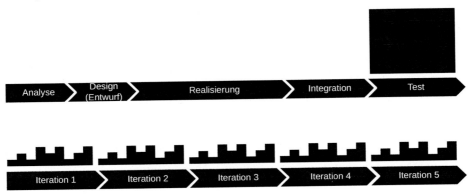

Die Testaktivitäten erfolgen meist am Ende eines prädiktiven Projekts, d.h. wenn wir wahrscheinlich schon etwas in Verzug und unter großem Druck sind, das Projekt schnellstmöglich abzuschließen. Dieser Druck kann dazu führen, dass Tests ausgelassen und bei der Qualität Kompromisse gemacht werden.

Wie sieht es hier bei den adaptiven Systemen aus?

Nun, bei adaptiven Lebenszyklen existiert dieses Problem nicht, da kontinuierlich getestet wird. Es ist vollkommen gleichgültig, wann wir das Projekt beenden, wir haben stets das genau richtige Maß an Tests durchgeführt.

Natürlich gibt es auch andere Unterschiede. So sind automatisierte Tests aufgrund des Wesens von adaptiven Systemen quasi unumgänglich. Zwar decken automatisierte Tests möglicherweise nicht jede einzelne Zeile des entwickelten Codes ab, aber es gibt eine optimale **Codeabdeckung**, die wir in einem Projekt erfüllen müssen. Mit Codeabdeckung bezeichnen wir das Verhältnis von Codezeilen, die in automatisierten Tests überprüft werden, zur Gesamtzahl an Zeilen.

1.2 Die Wahl des Vorgehens bei der Entwicklung

Prädiktive und adaptive Lebenszyklen haben jeweils Vor- und Nachteile. Die richtige Wahl hängt von vielen verschiedenen Faktoren ab. Der wichtigste Faktor ist dabei jedoch die Art des Produkts.

Bevor Sie sich entscheiden, welchen Lebenszyklus Sie für Ihr Produkt brauchen, sollten Sie sich zwei Fragen stellen:

1. **Muss das Produkt adaptiv sein?** Benötigen Sie kein adaptives Produkt, dann ist ein prädiktiver Lebenszyklus wahrscheinlich einfacher, strukturierter und *planbarer*. Ein adaptives System ist immer dann erforderlich, wenn ein gewisses Risiko besteht, dass Sie mit der Idee beginnen, ein Krankenhaus zu bauen und letztendlich ein Freizeitpark herauskommt.
2. **Kann das Produkt adaptiv sein?** Diese Frage ist vielleicht noch wichtiger als die vorherige Frage. Sie können nur adaptiv vorgehen, wenn Sie die Möglichkeit haben, in Iterationen zu entwickeln und Inkremente bereitzustellen, um Feedback einzuholen und Ihr Produkt entsprechend anzupassen. Denken wir noch einmal an ein Bauvorhaben: Kann man ein Gebäude in Iterationen entwerfen? Können Sie beispielsweise das Fundament eines Gebäudes entwerfen, ohne das restliche Gebäude zu planen und zu wissen, welche Last auf dem Fundament ruhen wird? Die Antwort ist ein klares „Nein". Eine Entwicklung in Iterationen (entsprechend unserer Definition) ist bei einem Bauvorhaben nicht möglich. Auch die Bereitstellung in Inkrementen ist in den meisten Fällen nicht möglich, weil die Einzelteile eines Gebäudes einerseits nicht einsatzbereit sind und das zu einem Einzelteil generierte Feedback andererseits vielleicht nicht auf das restliche Gebäude anwendbar ist. Ein adaptiver Lebenszyklus lässt sich also nicht auf den Bau eines Gebäudes anwenden. (Aber Achtung dies ist nicht mit der Innenausstattung, Gestaltung oder auch Renovierung eines Gebäudes zu verwechseln, wo adaptive Systeme durchaus möglich sind).

Die wichtigste Botschaft in diesem Zusammenhang lautet, dass die Entscheidung zwischen einem prädiktiven und einem adaptiven Ansatz keine Entscheidung zwischen Gut und Böse ist, sondern von vielen Faktoren abhängt. Beides sind valide Vorgehensweisen, die sich jeweils für eine bestimmte Art von Produkten eignen.

Stellen Sie sich zur Übung folgende IT-Projekte vor: Ein Projekt, bei dem in einer Organisation die Betriebssysteme von 300 Computern aktualisiert werden müssen und ein Projekt, bei dem für eine sehr große Organisation mit Niederlassungen an sechs Standorten eine Netzwerkinfrastruktur zu erstellen ist. Welche Art von Lebenszyklus der IT-Entwicklung eignet sich Ihrer Meinung nach besser für diese beiden Projekte?

1.3 Eignet sich Agile nur für Entwicklungsprojekte in der IT?

Die meisten Beispiele in diesem Buch und in anderen Materialien über Agile stammen aus Entwicklungsprojekten in der IT. Bedeutet dies, dass Agile Methoden auf IT-Entwicklungsprojekte beschränkt sind?

1.3.1 Projekte

Es gibt Leute, die behaupten, eine Agile Vorgehensweise eigne sich für jede Art von Projekt. Diese Leute behaupten in der Regel auch, es gebe nur eine korrekte Form der Projektdurchführung. In der Regel handelt es sich dabei um Menschen, die bislang nur Erfahrung mit unkritischen IT-Entwicklungsprojekten haben. Denn tatsächlich gibt es viele Arten von Projekten, bei denen ein adaptives Vorgehen entweder nicht nötig oder nicht möglich ist, weil wir sie nicht in Iterationen entwickeln und in Inkrementen liefern können.

Abgesehen von der simplen Tatsache, dass Agile nicht die einzig wahre Lösung ist und nicht in jedem Projekt genutzt werden kann, können wir uns trotzdem anschauen, welche Projekte von einem adaptiven System profitieren können. Sind diese Projekte auf die IT-Entwicklung beschränkt oder gibt es weitere geeignete Projektarten?
Es mag zwar möglich sein, Agile in anderen Projekttypen zu verwenden, aber dies bedarf professioneller und strukturierter Bemühungen, die bislang anscheinend noch nicht unternommen wurden. Zwar gibt es außerhalb der IT einige Projekte, die behaupten Agile zu sein, aber in der Regel legen diese den Begriff Agilität falsch aus und sind Opfer des sogenannten **Cargo-Kult**-Effekts, d. h. sie ahmen ein Verhalten nach, ohne den eigentlichen Sinn zu verstehen. Dessen ungeachtet eignen sich Projekte im Bereich der IT-Entwicklung wahrscheinlich nach wie vor am besten für ein adaptives Vorgehen.

1.3.2 Programme

Bei allen Ausführungen bisher ging es um **Projekte**. Bei **Programmen** gilt jedoch etwas anderes. Laut MSP®, einer Programm-Management-Methode aus der gleichen

Familie wie PRINCE2® und ITIL®, können Projekte sowohl adaptiv als auch prädiktiv sein, wohingegen Programme stets adaptiv sein müssen. Der Grund hierfür ist, dass es bei Projekten um Produkte und bei Programmen um Ergebnisse geht. Wir können zwar vorhersagen, wie Produkte zu erstellen sind, nicht aber wie Ergebnisse erzielt werden können.

1.3.3 Betrieb

Projektmanagementmethoden beginnen immer mit der Definition, was ein Projekt ist. Der Grund hierfür ist, dass diese Methoden nur für Projekte und nicht für Programme, das Portfolio oder alltägliche Geschäft (den Betrieb) gelten. Bei Agilen Systemen dagegen ist dies nie zur Tradition geworden. Sie bestehen nicht darauf, in Projekten eingesetzt zu werden und wurden durchaus schon manchmal im Betrieb eingesetzt. Dies geht zurück auf die IT-Entwicklung, in der die Grenzen zwischen Projekten mit größeren Veränderungen und Betrieb, in dem kleinere Veränderungen auf das Produkt angewendet werden, verschwimmen. In seiner extremen Form zeigt sich dies in der Philosophie von DevOps, bei dem die Projektseite (Entwicklung) mit dem Alltagsgeschäft (Betrieb) verschmilzt.

1.4   Ist Agile schneller?

Die Bezeichnung „Agile" bzw. „agil" impliziert, dass diese Methoden schneller sind. Diese Hypothese zu bestätigen oder zu widerlegen ist äußerst schwierig, aber es gibt ein Konzept, das bei Agilen Projekten wirklich hilft. Dabei geht es jedoch nicht um die Geschwindigkeit, in der wir entwickeln, sondern um die Features, die wir entwickeln müssen (den Umfang).

Denken Sie an ein IT-Projekt, das mit Hilfe einer prädiktiven Methode entwickelt werden soll. In diesem Fall wären ein oder ein paar Kundenvertreter:innen dafür verantwortlich, die Anforderungen zu identifizieren und zu kommunizieren. Ihnen ist klar, dass Anforderungen zu übersehen kostspielig und die nachträgliche Ergänzung von Anforderungen aufwändig ist. Die Kundenvertreter:innen neigen daher dazu, übermäßig kreativ zu werden und Anforderungen zu ergänzen, die keine ausreichende Wertschöpfung bieten. Diese Extra-Features erfordern mehr Zeit und Ressourcen und machen das Produkt komplexer, was für die künftige Instandhaltung und künftigen Erweiterungen ein ernsthaftes Problem darstellen kann.

In einem adaptiven System dagegen sind die Kundenvertreter:innen nicht gezwungen, alle Anforderungen von vornherein festzulegen. Damit sinkt die Wahrscheinlichkeit, dass seltsame Anforderungen ergänzt werden. Sollte es doch solche Anforderungen geben, so hilft ein ordentliches adaptives Entwicklungssystem den Kundenvertretern und -vertreterinnen zumindest, deren Wert zu verstehen, so dass sie diese erst am Schluss realisieren oder ganz weglassen können.

Ein ordnungsgemäß durchgeführtes Agiles Projekt bietet in der Praxis die Chance auf einen kleineren Umfang. Damit wird das Projekt schneller und weniger kompliziert.

Die Standish Group beispielsweise meldete 2002 bezüglich vier interner Applikationen folgende Zahlen zur Nutzung der Features:

Ständig genutzt	7%
Häufig genutzt	13%
Manchmal genutzt	16%
Selten genutzt	19%
Nie genutzt	45%

Stellen Sie sich jetzt einmal vor, wie viel schneller die Projekte und wie viel einfacher die Produkte hätten sein können ohne diese nie oder nur selten genutzten Features. Zwar ist dies nur ein Beispiel von einigen wenigen Applikationen in einem Unternehmen, aber der Trend insgesamt ist wahrscheinlich gar nicht so viel anders.

1.5 Ist Agile etwas Neues?

Die Agile Methode wird in der Regel als neue Vorgehensweise propagiert. Was sicherlich neu ist, ist die Bezeichnung „Agile" für adaptive Lebenszyklen. Wie aber sieht es mit dem Lebenszyklus selbst aus?

Es ist nur schwer vorstellbar, dass die Menschheit in ihrer langen Geschichte, mit ihren vielen Projekten und Programmen, ganz ohne adaptive Lebenszyklen ausgekommen ist. Denken Sie nur einmal an eine früher weit verbreitete Unternehmung bzw. ein durchaus populäres Projekt oder Programm: Krieg führen. Lässt sich mit einem prädiktiven Ansatz ein Krieg führen. Lässt sich alles von Anfang an planen und festlegen? Ganz bestimmt nicht. Es gibt zwar möglicherweise einen übergeordneten Plan (wobei es sich wahrscheinlicher eher um eine Strategie als einen Plan handelt), aber den Krieg an sich müssen Sie Schlacht um Schlacht (d. h. Iteration um Iteration) führen und die weitere Kriegsführung jeweils an den Ausgang der einzelnen Schlachten anpassen. Es ist kein „nettes" Beispiel, aber eines das sehr deutlich zeigt, dass adaptive Lebenszyklen gar nicht so neu sind.

Was also ist neu? Neu sind hauptsächlich die Nutzung adaptiver Systeme in der IT-Entwicklung und die Bezeichnung „Agile". Früher waren IT-Entwicklungsprojekte ganz anders. Sie forderten eine präzise prädiktive Methode. Im Laufe der Zeit veränderten sich dann jedoch das Wesen und das Publikum dieser Projekte. Prädiktive Systeme stellten zwar meist nicht mehr die beste Wahl dar, aber die Experten und Expertinnen setzten sie weiterhin ein, bis die adaptive Methode schließlich von einer Gruppe von Experten, die in diese Projekte involviert war, neu erfunden wurde.

2. Scrum

Agile ist ein übergeordnetes abstraktes Konzept für die Anwendung eines **adaptiven Lebenszyklusansatzes.** Für die Durchführung von Projekten benötigt man jedoch eine praktische Vorgehensweise, die auf diesem Konzept beruht. Hier kommen die Methoden (und Frameworks) ins Spiel.

Unter den Agilen Methoden oder Frameworks der ersten Generation hat Scrum inzwischen den höchsten Bekanntheitsgrad. Scrum dominiert den Markt so stark, dass es schwer fällt über Agile zu sprechen, ohne sich konkret auf Scrum zu beziehen.

Neben den Methoden der ersten Generation gibt es aber auch ein paar neuere Methoden, die für gewöhnlich von Scrum inspiriert und beeinflusst wurden und in der Regel das Ziel verfolgen, Scrum für größere Projekte zu skalieren.

Das zentrale Scrum-Framework ist im **Scrum Guide** von Ken Schwaber und Jeff Sutherland (https://scrumguides.org) beschrieben. Der Scrum Guide gilt allgemein als offizielle Scrum-Definition. In diesem Zusammen ist jedoch anzumerken, dass zu Scrum viele großartige Experten und Expertinnen beigetragen haben, ohne die Scrum nicht das wäre, was es heute ist.

2.1 Scrum als Framework

Die meisten Scrum-Praktizierenden reagieren äußerst empfindlich auf das Wort Methode. Sie bezeichnen Scrum lieber als Framework. Der Unterschied zwischen einer Methode und einem Framework ist nicht leicht zu erklären. Allgemein lässt sich jedoch sagen, dass es sich bei einer Methode eher um ein ausgefeiltes Verfahren für komplexe Vorgänge handelt, das bei weniger komplexen Projekten entsprechend vereinfacht werden muss. Ein Framework dagegen beschreibt das absolute Minimum, das für ein Projekt notwendig ist und muss bei komplexeren Projekten möglicherweise entsprechend ergänzt werden. Methoden werden auch häufig als präskriptiv und Frameworks als deskriptiv bezeichnet.

In Wahrheit ist der Unterschied zwischen Methode und Framework eher eine Frage des Grads der Detaillierung als des Inhalts. Die Angst vor der Bezeichnung „Method" scheint aus den schlechten Erfahrungen herzurühren, die einige Anwender mit Methoden gemacht haben.

2.2 Scrum als Rahmen

Im Gegensatz zu anderen Systemen, wie z. B. Extreme Programming (XP), bietet Scrum keine Praktiken, Techniken und Werkzeuge. Scrum ist lediglich ein einfaches Framework mit Managementaktivitäten, das als Rahmen für andere Prozesse, Praktiken und Techniken dienen kann. Manche glauben, Scrum sei ursprünglich als Managementebene für XP entwickelt worden.

Scrum ist, unabhängig davon, was es Ihnen nützt, nichts anderes als ein Rahmen, den Sie mit den für Ihr Projekt geeigneten Praktiken und Techniken füllen müssen. Scrum ergänzt das Projekt um die Managementebene und hilft Ihnen so dabei, diese Praktiken und Techniken entprechend zu organisieren.

2.3 Der Aufbau von Scrum

Jedes Scrum-Projekt besteht aus einer Reihe von **Sprints**. Mit „Sprint" bezeichnet Scrum eine Iteration.

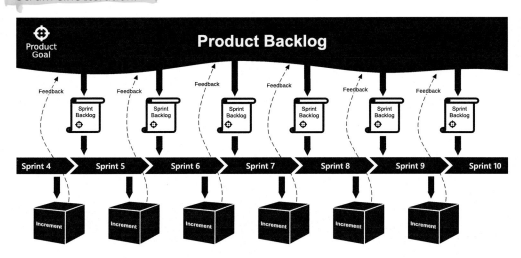

Im **Product Backlog** speichern wir die verbleibenden Arbeitseinträge. Sobald
Zeit für einen neuen Sprint ist, wählen wir ein paar Einträge (Items) oben aus dem
Product Backlog und ergänzen diese im **Sprint Backlog**. Das Sprint Backlog ist unser
Plan für den nächsten Sprint. Dann führen wir einen Sprint nach dem anderen durch,
bis entweder alle Einträge fertiggestellt sind oder der Kunde beschließt, dass die
bestehenden Features ausreichen und der Wert der verbleibenden Features so gering
ist, dass diese ignoriert werden können.

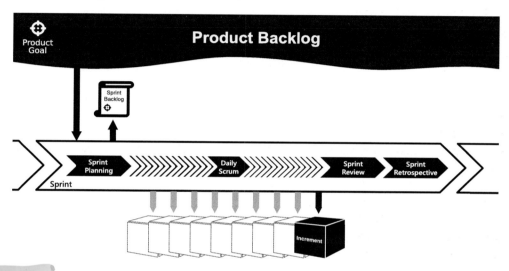

Jeder Sprint umfasst eine Reihe von Scrum Events:
*   **Sprint Planning:** zur Planung des bevorstehenden Sprints durch Erstellen eines
    Sprint Backlogs
*   **Daily Scrum:** ein 15-minütiges tägliches Abstimmungsmeeting
*   **Sprint Review:** zur Bewertung der jüngsten Inkremente und der Informationen
    zum Projektfortschritt sowie zum Einholen von Feedback
*   **Sprint Retrospective:** zur Bewertung der Arbeitsweise und Planung von Verbesse-
    rungen im nächsten Sprint

Zu guter Letzt gibt es in Scrum auch drei Rollen:
*   **Product Owner:** Er oder sie ist dafür verantwortlich, den Wert des Produkts zu
    maximieren und das Produktziel zu erreichen. Dies geschieht in erster Linie durch
    die Erstellung und Pflege des Product Backlogs.
*   **Scrum Master:** Er oder sie sorgt für die vollständige und korrekte Einhaltung des
    Scrum Frameworks. Dies erfordert Coaching, Schulungen und Problemlösung.
*   **Entwickler:innen:** Dies sind die technischen Experten und Expertinnen, die das
    Produkt entwickeln.

Im weiteren Kapitel gehen wir näher auf die oben genannten Aspekte ein.

2.3.1 Interessensgruppen

Es gibt viele **Interessensgruppen,** die ein Projekt beeinflussen können, u.a. das Scrum Team, die Beschäftigten in der Organisation des Anbieters, der Kunde, die letztendlichen User (Benutzer:innen) und manchmal auch Behörden und Wettbewerber. Im Projektmanagement bezeichnet man diese Interessensgruppen als **Stakeholder.** Der Grundgedanke dabei ist, dass wir alle **Interessensgruppen** identifizieren und ihre Anforderungen kennen und verstehen müssen. Manche Projekte beispielsweise konzentrieren sich auf die Kundenanforderungen und ignorieren die Vorgaben von Behörden, was zu ernsten Problemen führen kann.

Bei agilen Systemen wird die große Bandbreite an Interessensgruppen nicht besonders berücksichtig. Der Grund hierfür ist vor allem, dass die IT-Entwicklung nicht ganz so sensibel ist wie manche anderen Projektarten. Trotzdem ist Aufmerksamkeit in diesem Bereich hilfreich. Eine weiter Konsequenz ist, dass Agile Systeme im Allgemeinen und Scrum im Besonderen häufig den Kunden oder den Kunden und die User als Interessensgruppen bezeichnen. Falls Sie also aus dem Projektmanagement kommen, müssen Sie, wenn Sie über Scrum lesen, genau überlegen, wer oder was gemeint ist.

Aber konzentrieren wir uns erst einmal auf die internen Interessensgruppen des Projekts, das **Scrum Team** und gehen wir zuerst auf die wichtigen Eigenschaften des Teams als Ganzes und danach auf die detaillierten Eigenschaften der einzelnen Rollen im Team ein.

2.3.1.1 Eigenschaften

Sehen wir uns ein paar Eigenschaften und Regeln des Scrum Teams an, bevor wir detailliert auf die einzelnen Rollen eingehen.

Größe

In den folgenden Abschnitten erfahren Sie, dass das Scrum Team eine Organisation mit einer flachen Hierarchie und ohne zentrale Koordinierung ist. Wird das Team zu groß, funktioniert es folglich nicht. Ein Scrum Team umfasst in der Regel höchstens 10 Mitarbeiter.

Erfordert ein größeres Projekt mehr Mitarbeiter, so können diese in mehreren Teams arbeiten. Ein Setup mit mehreren Teams nennt man **Skaliertes Scrum.** Darauf gehen wir am Ende dieses Kapitels nochmals näher ein.

Manchmal wird vermutet, dass bei einer größeren Zahl von Entwicklern und Entwicklerinnen die Geschwindigkeit der Entwicklung steigt. Dies kann so sein, muss aber nicht. Selbst wenn es so wäre, würde die Geschwindigkeit nicht linear zunehmen. Eine klassische Form dieses Problems ist das **Brooks'sche Gesetz,** das Folgendes besagt: „Zusätzliche Mitarbeiter verzögern ein Softwareprojekt, das bereits in Verzug ist, noch mehr" oder „Auch mit neun Frauen bringt man ein Baby nicht in einem Monat zur Welt".

Teilzeit oder Vollzeit

Wir ziehen es stets vor, wenn Teammitglieder Vollzeit an einem Projekt arbeiten, weil sie dann nicht von anderen Zuständigkeiten (Durchführungsverantwortlichkeiten) abgelenkt werden. Dies ist jedoch nicht immer möglich und manchmal müssen wir Kompromisse machen. Mit anderen Worten, alle drei Rollen können je nach Bedarf in Voll- oder Teilzeit ausgeübt werden.

Mehrere Rollen

Die Mitglieder des Scrum Teams haben in der Regel nur eine der drei Rolle. Sollte es wirklich nötig sein, so kann ein Mitglied jedoch auch mehrere Rollen in Personalunion ausüben. Diese Frage stellt sich in der Regel, wenn Teams oder Organisationen zu klein sind; anderenfalls können Product Owner oder Scrum Master, die zeitlich nicht ausgelastet sind, ihre Rollen in mehreren Projekten ausüben anstatt im gleichen Projekt die Rolle eines Entwicklers oder einer Entwicklerin anzunehmen.

Übernimmt jemand mehrere Rollen, so muss der- oder diejenige einerseits die erforderliche Erfahrung für beide Rollen haben und andererseits sicherstellen, dass keine der beiden Rollen die jeweils andere Rolle überschattet. Wer beispielsweise sowohl Product Owner als auch Entwickler:in ist, muss sicherstellen, dass er oder sie am Daily Scrum als Entwickler:in und nicht als Product Owner teilnimmt, denn das Daily Scrum richtet sich nur an die Entwickler:innen.

Funktionsübergreifend zusammengesetzte Teams

Da wir nicht möchten, dass das Team von Externen abhängig ist, setzen wir auf funktionsübergreifend zusammengesetzte Teams mit dem für das Produkt erforderlichen Fachwissen. Dazu stellen wir ein Team zusammen, das alle Arten von Fachwissen abdeckt. Bitte beachten Sie, dass das Team als Ganzes und nicht die einzelnen Teammitglieder funktionsübergreifend sein müssen.

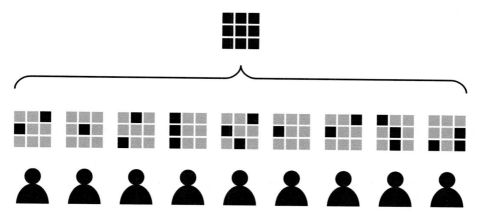

Manchmal braucht man für eine bestimmte Zeit eine besondere Fähigkeit. In den meisten Projekten wird diese Tätigkeit dann an einen Experten außerhalb des Teams vergeben. Bei Scrum wird ein solcher Experte (in der Regel in Teilzeit) für ein oder mehrere Sprints in das Team integriert, damit das Team auch weiterhin funktionsübergreifend zusammengesetzt ist. Der Unterschied bei diesem Szenario ist, dass der Fachexperte oder die Fachexpertin sich als Teammitglied fühlen und die gleichen Regeln und Verfahren befolgen muss wie die anderen Teammitglieder.

Selbstmanagement

Ein Scrum-Team muss befugt sein, selbständig Entscheidungen bezüglich des Projekts treffen zu können. In den früheren Versionen des Scrum Guides wurde dies als **Selbstorganisation** bezeichnet. Der Scrum Guide aus dem Jahr 2020 nennt es nun **Selbstmanagement**. Mit anderen Worten, es handelt sich schlicht um zwei verschiedene Bezeichnungen für ein- und denselben Begriff.

Der Grund, warum Projektentscheidungen innerhalb des Teams getroffen werden sollten, ist, dass dies die Produktivität steigert. Anderenfalls müssten Probleme an höhere Managementebenen eskaliert und auf deren Antwort gewartet werden.

Die Ermächtigung der Teams ist jedoch aus verschiedenen Gründen niemals absolut, denn
- Die Teams müssen sich nach wie vor an das Scrum Framework halten und sind beispielsweise nicht befugt, die Sprint Retrospectives abzuschaffen.
- Die Teams sollten sich an die Standards und Regeln der Organisation halten und beispielsweise denselben Entwicklungsstandard verwenden wie in allen anderen Projekten.
- Scrum behauptet zwar, dass die Teams alle Projektentscheidungen treffen, aber manche Entscheidungen obliegen nach wie vor dem Kunden als ultimativem Produktverantwortlichen und können von keinem oder keiner anderen getroffen werden.

Grad des Commitments

Ein Schwein und ein Huhn unterhalten sich. Das Huhn schlägt vor, ein Restaurant zu eröffnen. „Was wollen wir anbieten?", fragt das Schwein begeistert. Das Huhn antwortet: „Schinken und Eier." Das Schwein (nicht verwunderlich) lehnt diesen Vorschlag ab: „Das ist unausgewogen. Ich würde alles geben, während du dich nur einbringst."

Wendet man diese Analogie auf Scrum an, so übernimmt das Scrum Team die Rolle der Schweine, während die anderen Interessensgruppen, einschließlich der Kunden und der Geschäftsleitung, die Hühner sind.

In den frühen Tagen von Agile wurden die verschiedenen Interessensgruppen eines Projekts gemäß dieser Analogie und ihrem Grad an Commitment als „Hühner" und

„Schweine" bezeichnet und auf dieser Grundlage auch unterschiedlich behandelt. So dürfen beispielsweise an einer Besprechung zum Sprint Planning verschiedene Interessensgruppen teilnehmen, aber nur die Mitglieder des Scrum Teams sind „Schweine". Die anderen sind „Hühner". Die „Schweine" dürfen sprechen, während die anderen nur beobachten dürfen.

Diese Analogie und Terminologie sind heute nicht mehr gängig, das Konzept an sich aber hat Bestand.

Veränderung der Teamzusammensetzung

Wir bevorzugen stabile Teams, deren Zusammensetzung sich während des Projekts nicht ändert. Sollte es jedoch erforderlich werden, das Team um einige Mitglieder zu vergrößern oder zu verkleinern, sollte dies idealerweise nicht mitten in einem Sprint erfolgen, da dies eine zu große Ablenkung bedeuten würde.

2.3.1.2 Rollen

Nachdem wir uns die Eigenschaften des Scrum Teams angeschaut haben, wenden wir uns nun den Rollen im Team zu.

Im Team gibt es drei Rollen mit jeweils festgelegten Verantwortungen (Ergebnis-verantwortung) und Zuständigkeiten (Durchführungsverantwortung). Die Zuständig-keiten können wie in jedem anderen System auch an andere Teammitglieder delegiert werden. Die Verantwortung verbleibt jedoch bei der ursprünglichen Rolle.

Der Unterschied zwischen Zuständigkeit und Verantwortung lässt sich einfach erklären: Zuständigkeit bedeutet, dass man etwas tun soll. Hat man dagegen die Verantwortung, so ist man für das Ergebnis verantwortlich. Mit anderen Worten, wenn Sie die Verantwortung tragen, die Zuständigkeit aber lieber delegieren, werden Sie die Arbeit dennoch überwachen, um sicherzugehen, dass sie ordnungsgemäß erledigt wird.

Der Product Owner

Bei den meisten Projekten gibt es mehrere Stakeholder auf Geschäfts- (Business) oder Kundenseite, die bezüglich der Anforderungen mitsprechen. Da der Input dieser Stakeholder häufig widersprüchlich ist, kann es für die Entwickler:innen schwierig sein, mit diesen Stakeholdern zu kommunizieren und ihre Arbeit gemäß deren Input zu priorisieren. Eine gängige Lösung für dieses Problem ist eine Person oder eine Gruppe von Personen als zentrale Anlaufstelle. Dort wird der gesamte Business-Input entgegengenommen, eventuelle Widersprüche werden geklärt und eine Reihe von klaren, priorisierten Anforderungen für die Entwickler:innen erstellt. Bei Scrum ist der Product Owner diese zentrale Anlaufstelle.

Um mit unternehmerisch denkenden Stakeholdern (externen oder internen Kunden) arbeiten zu können, muss der Product Owner selbst unternehmerisch denken sowie die Produktvision und die Produktziele verstehen. Der Product Owner nutzt diese Informationen zur Verwaltung des Product Backlogs und um:

- neue Einträge (Items) für das Backlog zu erstellen,
- die vorhandenen Einträge genau zu beschreiben und
- die Einträge in die entsprechende Reihenfolge zu bringen.

Um schnellstmöglich einen größtmöglichen Wert zu erzielen, ordnet der Product Owner die Einträge so an, dass Einträge, die am ehesten zum Wert des Produkts beitragen, im Product Backlog ganz oben stehen und zuerst entwickelt werden. Dies ist eine der wichtigsten Methoden, mit denen der Product Owner für Wertmaximierung sorgt.

– Angliederung

Wird ein Projekt für einen externen Kunden durchgeführt, so wird manchmal der Kundenvertreter bzw. die Kundenvertreterin als Product Owner bezeichnet. Dies ist jedoch meist keine gute Idee. Besser ist es, wenn ein Mitarbeiter aus Ihrer Organisation diese Rolle übernimmt.

– Wie viele Product Owner gibt es?

Diese Rolle wird stets nur von einer Person ausgeführt, ganz gleich, wie groß Ihr Projekt ist. Der Grund hierfür ist, dass es bei mehreren Personen eventuell zu Ungereimtheiten im Product Backlog oder in den Informationen kommen könnte, die den Entwicklern und Entwicklerinnen bereitgestellt werden.

Die Führungsverantwortung für ein Produkt (Product Ownership) kann bei einem Ausschuss liegen, aber selbst in diesem Fall sollte der Ausschuss von einer Person vertreten und diese Person als Product Owner bezeichnet werden. So vermeidet man zumindest, dass die Entwickler:innen durch Informationen von zu vielen Leuten verwirrt werden.

– Kommunikation

Zwar ist es den Entwickler:innen nicht untersagt, direkt mit den externen Stakeholdern zu sprechen, aber Kommunikation wird meist vom Product Owner geführt oder ermöglicht. Der Product Owner ist ständig in Kontakt mit dem Kunden und mit den Vertretern und Vertreterinnen der User (Benutzer:innen) und sorgt dafür, dass das Product Backlog das Feedback stets vollständig reflektiert.

Neben der externen Kommunikation sind Product Owner auch stark in die interne Kommunikation involviert. Schließlich sind sie für die Anforderungen verantwortlich und müssen sicherstellen, dass diese von allen korrekt verstanden werden und die Arbeit der Entwickler:innen tatsächlich die Bedürfnisse der Kunden und User zufriedenstellt. Folglich gilt: Wann immer die Entwickler:innen Zweifel an einer Funktionalität haben, klärt dies der oder die Product Owner für sie.

– Messung des Fortschritts

Der Product Owner ist für die Ermittlung des Projektfortschritts zuständig. Diese Tätigkeit fällt in die Zuständigkeit des Product Owners, weil es einen hohen Grad an Verständnis für den gesamten Arbeitsumfang und alle damit verbundenen Möglichkeiten erfordert und niemand über mehr Informationen in diesem Bereich verfügt als der Product Owner. Die Entwickler:innen konzentrieren sich auf die Arbeit in den Sprints und die technischen Aspekte des Projekts und der Scrum Master befasst sich eher mit dem Kontext als dem Inhalt.

Die wichtigste Tätigkeit bei der Ermittlung des Fortschritts ist in den meisten Projekten die Ermittlung des Fertigstellungstermins. Das gilt auch für den Product Owner bei Scrum Projekten.

Zu guter Letzt sorgt der Product Owner auch dafür, dass alle Informationen über den Projektfortschritt transparent und für die relevanten Interessensgruppen zugänglich sind.

– Ownership (Führungsverantwortung)

Der Product Owner ist für das Product Backlog verantwortlich, d. h. er oder sie trägt die Ergebnisverantwortung. Veränderungen am Product Backlog dürfen nur vom Product Owner oder allenfalls von Mitarbeitern und Mitarbeiter:innen durchgeführt werden, denen vom Product Owner bestimmte Zuständigkeiten (Durchführungsverantwortung) übertragen und die entsprechend autorisiert wurden.

Über die Entscheidungen des Product Owners (z. B. die Reihenfolge der Einträge) darf sich niemand hinwegsetzen. Dies bedeutet jedoch nicht, dass niemand Einfluss auf diese Entscheidungen nehmen darf. In der Tat können die geschäftlichen Entscheidungen des Kunden und der technische Input der Entwickler:innen einen maßgeblichen Einfluss auf die Entscheidungen des Product Owners haben.

– Delegation von Aufgaben

Product Owner dürfen manche Zuständigkeiten (Durchführungsverantwortungen) an andere (in der Regel die Entwickler:innen) delegieren. Beispielsweise ist es nicht ungewöhnlich, dass der Product Owner die Entwickler:innen bittet, die Zuständigkeit (Durchführungsverantwortung) für die Erstellung der technischen Product-Backlog-Einträge (Product Backlog Items, PBI) zu übernehmen. In der Regel ist es jedoch am besten, wenn der Product Owner die Zuständigkeiten (Durchführungsverantwortung) selbst behält.

Der Scrum Master

Scrum Master sind Scrum-Experten, die beim Verständnis und der Anwendung von Scrum behilflich sind. Darüber hinaus helfen sie, ein für das Team angenehmes Arbeitsumfeld sicherzustellen.

- Coaching und Training

Der Scrum Master coacht und schult das Team bezüglich der Anwendung von Scrum und, was noch wichtiger ist, er oder sie schult und coacht möglicherweise den Kunden und die Managementebenen der Organisation darin, wie man mit einem Scrum Team arbeitet.

- Der Aufpasser

Der Scrum Master muss sicherstellen, dass das Scrum-Framework richtig angewendet wird. Ist dies nicht der Fall, so muss er oder sie entsprechende Maßnahmen ergreifen. Manche Teams denken beispielsweise, sie bräuchten keine Sprint Retrospective, weil sie über ausreichend Erfahrung verfügten. In einem solchen Fall muss der Scrum Master erklären, warum Sprint Retrospectives immer erforderlich sind. Der Scrum Master muss einen Weg finden, das Team davon zu überzeugen, dass es korrekt vorgehen muss.

Bitte beachten Sie stets, dass Scrum Master den Teammitgliedern nichts vorschreiben können, sie können lediglich Überzeugungsarbeit leisten.

- Hindernisse

Wird die Arbeit der Teammitglieder durch Hindernisse erschwert, so sollten die Teammitglieder versuchen, diese selbst zu lösen. Ist den Teammitgliedern jedoch nicht klar, wie sie dies tun sollen oder ist die Lösung für sie alleine zu schwierig, übernimmt der Scrum Master die Zuständigkeit (Durchführungsverantwortung).

Früher galt der Scrum Master als der- oder diejenige, die Hindernisse aus dem Weg räumt. In neueren Versionen des Scrum Guides wurde dies jedoch durch die Aussage ersetzt, dass der Scrum Master der- oder diejenige ist, die die Beseitigung von Hindernissen veranlasst. Damit soll sicherstellt werden, dass die Hilfe des Scrum Masters nicht die Selbstorganisation des Teams blockiert.

- Moderation

Moderation ist bei Projekten von entscheidender Wichtigkeit. Zwar stellt ein typisches Scrum-Team mit maximal 10 Teammitgliedern und ein paar Kunden- und User-Vertreten hinsichtlich der Moderation nicht unbedingt die größte Herausforderung dar, aber ein erfahrener Moderator ist dennoch hilfreich und genau dies ist die Rolle des Scrum Masters.

Genau wie die Beseitigung von Hindernissen erfolgt auch die Moderation nicht automatisch, da dies die Selbstorganisation des Teams blockieren könnte. Der Scrum Master moderiert nur wenn er oder sie darum gebeten wird oder dies erforderlich ist.

– Methoden

Die Arbeit in einer adaptiven Umgebung hat ihre eigenen Herausforderungen. Wie würden Sie als Entwickler:in beispielsweise die Datenbank ohne vorhergehende Planung managen?

Der Scrum Master hilft immer, wenn Entwickler:innen oder Product Owner Probleme mit Methoden, Werkzeugen und Praktiken haben, die richtigen Methoden, Werkzeuge und Praktiken zu ermitteln. Ein richtiger Scrum Master benötigt daher auch technische Informationen, was die Rolle erschwert.

Bitte beachten Sie, dass dies nicht heißt, dass Scrum Master als Stellvertreter:innen arbeiten. Dies ist nicht der Fall, weil es die Selbstorganisation des Teams blockieren würde. Scrum Master erledigen nicht die Arbeit anderer Teammitgliedern, sondern leiten diese an, wie sie die Arbeit richtig erledigen.

– Die Organisation

Die Mitarbeiter, die bei den Projekten einer Organisation die Rolle des Scrum Masters übernehmen, helfen der Organisation in der Regel, sich an diese Arbeitsweise anzupassen und Scrum in ihren Projekten zu implementieren. Der Scrum Master kann außerdem mit den höheren Ebenen einer Organisation in Kontakt stehen, um deren Unterstützung zu gewinnen und Ressourcen für das Team zu beschaffen.

– Inhalt versus Kontext.

Der Scrum Master konzentriert sich stärker auf den Kontext (das Framework, die Prozesse, die Praktiken, die Methoden, die Beziehungen etc.) als auf den Inhalt (Einträge im Product Backlog, Features in Inkrementen etc.).

Dies ist eine wichtige Unterscheidung und bietet einen Rahmen, der Ihnen dabei hilft zu verstehen, was ein Scrum Master tun oder lassen sollte. Ist es beispielsweise eine gute Idee, dem Scrum Master die Zuständigkeit (Durchführungsverantwortung) für die Ermittlung des Projektfortschritts zu übertragen? Die Antwort lautet nein, denn um den Projektfortschritt zu messen, muss man den Projektinhalt prüfen.

– Eine Management-Position

Die Position des Scrum Masters ist eine Management-Position. Dabei geht es jedoch eher um das Management von Prozessen als von Mitarbeitern. Zwar ist dies möglicherweise nicht ausreichend, um von einer Managementrolle zu sprechen, aber die Bezeichnung ist ein Überbleibsel aus der Anfangszeit von Scrum, als diese Rolle erfunden wurde, um die anderen in einem Projekt involvierten Managementrollen zu ersetzen.

Ein bei vielen Scrum-Projekten auftretendes Problem ist, dass die Scrum Master praktisch die Teams managen und den Entwicklern und Entwicklerinnen beispielsweise die Arbeit zuweisen. Dies ist nicht richtig, weil die Entwickler:innen sich selbst managen und auch in der Lage sind, dies selbständig zu tun (tatsächlich wissen sie sogar besser als alle anderen, wie dies zu tun ist). Außerdem muss sich der Scrum Master auf den Kontext konzentrieren.

Die Entwickler:innen

Die Entwickler:innen sind die Experten und Expertinnen der Applikation und zuständig (durchführungsverantwortlich) für die Lieferung der Backlog-Einträge (Backlog Items) und das Management ihrer eigenen Bemühungen.

Die Bezeichnung „Entwickler:innen" wird häufig für Programmierer:innen verwendet. Im Agilen Kontext versteht man unter Entwicklern und Entwicklerinnen jedoch alle Mitarbeiter,:innen, die bei der Erstellung eines Produkts mitwirken. Dabei kann es sich um Experten und Expertinnen in den verschiedensten Bereichen handeln, wie z. B. Programmieren, Testen, Analyse, Architektur, UI-Design etc.

– Gemeinsame Verantwortung (Ergebnisverantwortung)
Die Entwickler:innen tragen gemeinsam die Verantwortung (Ergebnisverantwortung) für das Produkt. Dies bedeutet, dass mindestens ein:e Entwickler:in ein bestimmtes Feature erstellt, aber alle Entwickler:innen gemeinsam für dieses Feature verantwortlich sind. Somit kann kein:e Entwickler:in sagen, „ich bin nicht schuld", falls künftig ein Fehler auftritt. (Selbstverständlich sollte der Scrum Master jedoch versuchen, für ein Klima zu sorgen, in dem sich die Mitarbeiter:innen nicht gegenseitig beschuldigen).

Ein weiterer Aspekt der gemeinsamen Verantwortung ist, dass kein:e Entwickler:in für einen Teil des Codes alleine verantwortlich ist und somit sagen kann: „Dies ist mein Modul und darf nur von mir verändert werden."

– Titel
Die Entwickler:innen sollten keine Titel haben; deshalb gibt es bei Scrum beispielsweise keine „Tester:innen" (denn dies ist ein Titel), sondern Entwickler:innen, die sich auf das Testen spezialisieren. Dieses scheinbar so kleine Detail ist wichtig. Bezeichnet man jemanden als „Tester:in", so fühlt sich diese Person stärker für das Testen als für andere Aspekte der Arbeit zuständig (durchführungsverantwortlich). Zwar wird niemand gezwungen etwas zu tun, womit er oder sie sich nicht auskennt, aber wir möchten trotzdem, dass alle gemeinsam die Verantwortung (Ergebnisverantwortung) übernehmen und zusammenarbeiten. Das Verbot von Titeln trägt dazu bei.

– Funktionsübergreifend zusammengesetzte Teams

Wie bereits erwähnt gilt funktionsübergreifend nur für die Zusammensetzung des Teams insgesamt nicht für die einzelnen Personen im Team. Einige Entwickler:innen haben sich auf das Programmieren, andere auf das Testen oder das Design etc. spezialisiert. Zusammen bilden sie ein Team, das die gesamte Bandbreite an Fachwissen und Kompetenz abbildet und in der Tat als funktionsübergreifend bezeichnet werden kann.

Zwar wird nicht erwartet, dass jede:r Entwickler:in über alle Fertigkeiten verfügt, die für das Produkt benötigt werden, aber in kollaborativen Arbeitsumgebungen zeigt sich häufig, dass Mitarbeiter:innen neben ihrem eigenen Fachgebiet, in dem sie über umfassende Kompetenz verfügen, auch die allgemeinen Aspekte der anderen Fertigkeiten erwerben. Dies bezeichnet man als „**T-Shaped Skills**" oder auch „T--förmige Fähigkeiten" und in Agile funktioniert dies ganz hervorragend.

Der letzte Aspekt, mit dem wir uns befassen müssen, ist der Umfang der funktionsübergreifenden Zusammensetzung. Die meisten Scrum-Ressourcen, darunter auch der Scrum Guide, vermischen bei diesem Begriff zwei verschiedene Umfänge der funktionsübergreifenden Zusammenarbeit. Da wären als erstes die Fähigkeiten, die die Entwickler:innen vorweisen müssen, um für das Produkt eine bestimmte Reihe an Features zu entwerfen und zweitens der etwas breiter gefasste Umfang, der auch die für das Produkt benötigte fachliche Unterstützung umfasst. Geht man von dieser Sichtweise aus, so schließt die funktionsübergreifende Zusammenarbeit nicht nur die Entwickler:innen, sondern auch den Product Owner und Scrum Master mit ein.

2.3.1.3 Weitere Rollen

Weitere Rollen sind laut Scrum nicht erlaubt. Rollen wie Teamleiter:in, Projektmanager:in und andere sind in einem Scrum Team nicht erwünscht. Der Grund hierfür ist, dass die für ein kleines Scrum-Projekt erforderlichen Verantwortlichkeiten (Ergebnisverantwortung) und Zuständigkeiten (Durchführungsverantwortung) bereits im Framework festgelegt sind und, keine Zuständigkeit (Durchführungsverantwortung) übersehen wurde, die (zumindest gemäß Scrum) eine neue Rolle erforderlich machen würde.

Andererseits sind Rollen wie zum Beispiel Projektmanager:in mit dem Wesen eines Scrum-Projekts möglicherweise nicht kompatibel. Die Rolle von Projektmanagern und Projektmanagerinnen liegt hauptsächlich in der zentralen Koordination und Moderation. Scrum dagegen setzt auf ein dezentrales System, beim dem alle drei Scrum-Rollen ein paar Zuständigkeiten (Durchführungsverantwortungen) des Projektmanagements übernehmen.

Bitte beachten Sie, dass sich diese Aussagen über die Rolle des oder der Projektmanager:in nur auf Scrum und nicht auf Agile im Allgemeinen beziehen. Es gibt durchaus durchdachte Agile-Methoden, die die Rolle des Projektmanagers umfassen oder zumindest kein Problem mit einer solche Rolle haben.

2.3.2 Events

Sehen wir uns als nächstes die fünf Scrum Events an. Diese Besprechungen decken den Großteil unserer Bedürfnisse ab und verringern damit die Notwendigkeit für zeitaufwändige Ad-hoc Meetings. Mit anderen Worten, sie sorgen in einem Projekt für Regelmäßigkeit und gleichmäßige Geschwindigkeit.

Alle Events sind **timeboxed**, d.h. zeitlich begrenzt, so dass sich die Mitarbeiter auf die Ziele und wichtigen Aufgaben konzentrieren müssen und nicht zu viel Zeit auf die ausgefalleneren Aspekte der Arbeit verwenden.

In jedem Meeting werden ein paar Dinge überprüft und je nach Ergebnis entsprechende Anpassungen vorgenommen. Bitte denken Sie stets daran, dass Adaption bzw. Anpassung bei Agilen Projekten entscheidend ist.

2.3.2.1 Sprint

Bei jedem Scrum-Projekt wird das Produkt über einer Reihe von Iterationen, die als Sprints bezeichnet werden, geliefert. Anstelle eines kontinuierlichen Arbeitsflusses auf der Grundlage eines riesigen Product Backlogs, teilen wir das Backlog in Sprints auf und konzentrieren uns in jedem Sprint auf ein kleines Sprint Backlog. Diese Aktivität ist weit verbreitet. Sie sorgt für weniger Ablenkung und steigert die Produktivität.

Der Sprint ist eines von fünf Scrum Events. Er unterscheidet sich jedoch von den anderen Events, indem er den Rahmen bildet, in dem die anderen vier Events stattfinden.

Sprint-Länge

Sprints sollten eine Länge von maximal einem Monat haben.

Aus Gründen der Einfachheit und Regelmäßigkeit haben bei Scrum alle Sprints die gleiche Länge. Das Scrum Team entscheidet also gemeinsam über eine geeignete zeitlich begrenzte (timeboxed) Sprintlänge, setzt diese dann fest und nutzt diese Länge dann für jeden Sprint. Das bedeutet, dass wir nicht jedes Mal vor einem neuen Sprint die Sprintdauer festlegen müssen. Es hindert uns aber auch nichts daran, diese

Sprintdauer zu revidieren, falls wir unsere Meinung im Laufe des Projekts ändern. Sollte eine Änderung der Sprintdauer erforderlich sein, so ist es am besten, diese in der Sprint Retrospective zu erörtern und die Veränderung dann im nächsten Sprint einzuführen. Eine Veränderung der Sprint-Länge mitten im Sprint ist zu vermeiden.

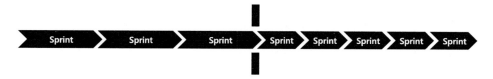

Kürzere Sprints umfassen mehr Feedback-Schleifen und insbesondere mehr Sprint Reviews. Dies trägt zur Reduzierung des Risikos und zur Verbesserung der Adaption bei. Andererseits jedoch hat jeder Sprint auch seine ganz eigenen Besprechungen und bei einem zu kurzen Sprint ist die Entwicklungsarbeit für ein sinnvolles Sprint Review möglicherweise nicht ausreichend. Die optimale timeboxed Sprint-Länge richtet sich daher nach Ihrem Projekt.

Planung des Sprints

Das Sprint Backlog ist die Planung für den bevorstehenden Sprint. Es enthält eine Reihe von Einträgen aus dem Product Backlog und die Aufgaben, die durch die Aufteilung dieser Einträge erstellt werden. Ein weiteres Element dieser Planung ist das Sprintziel. Dieses ist ein Schritt in Richtung des übergeordneten Produktziels und dient als Leitplanke für die anderenfalls beliebigen Aktivitäten innerhalb des Sprints.

Sprintabbruch

Manchmal ergeben sich, während der Arbeit an einem Sprint so signifikante Veränderungen in der Projektumgebung, dass die Planung des Sprints (und insbesondere das Sprintziel) obsolet wird. In diesem Fall kann der Product Owner den Sprint abbrechen, anstatt die gesamte Planung zu überarbeiten. Danach beginnt man einen neuen Sprint mit einer neuen Planung.

Der Abbruch eines Sprints kommt eher selten vor, da angesichts der kurzen Sprintlänge nicht allzu viele signifikante Veränderungen zu erwarten sind.

Manche Scrum-Anwender denken, sie müssten alle oder mindestens die meisten Einträge des Sprint Backlogs liefern und den Sprint abbrechen, sollten sie realisieren, dass sie nicht alle liefern können. Dies ist jedoch nicht richtig. Wir müssen nicht alle Einträge im Sprint Backlog liefern, sondern Fortschritt in Richtung des Sprintziels erreichen und unser Bestes geben. Am Ende des Sprints liefern wir einfach die fertigen Einträge und die anderen Einträge wandern zurück ins Product Backlog.

Stabilität

Sprints werden in erster Linie benötigt, um Ablenkungen zu vermeiden. Die Nutzung eines kleinen Sprint Backlogs anstatt eines riesigen Product Backlogs steigert die Konzentration. Das Gleiche gilt für die Festlegung einiger sensibler Aspekte im Sprint. Aus diesem Grund legen wir in der Regel die folgenden Aspekte eines Sprints vorab fest:

- timeboxed Sprintlänge
- Mindestmaß an Qualität
- Teamzusammensetzung
- Sprintziel

Früher wurden die Product-Backlog-Einträge (Product Backlog Items, PBI) ebenfalls im Sprint Backlog festgeschrieben, da eine Veränderung der PBI die Hauptursache für Ablenkungen ist. Dieses Vorgehen, das auf dem Scrum Guide basiert, ist jedoch zur Steigerung der Flexibilität nicht verpflichtend. Dies gilt insbesondere im Vergleich mit Kanban-Systemen, bei denen es keine Iterationen gibt und die manche als moderner und adaptiver erachten. Die andere Seite der Medaille ist jedoch, dass man, wenn man Veränderungen des Sprint Backlogs erlaubt, gegen einen der primären Zwecke von Sprints oder Sprint Backlogs verstößt.

Kein Sprint Zero

Bei manchen Projekten wird vor dem Projektstart ein spezieller Sprint zur Vorbereitung der Umgebung durchgeführt, ein sogenannter „Sprint Zero". Ein solcher Sprint ist jedoch nicht ratsam, weil auch die Vorbereitung je nachdem, was sich im Laufe des Projekts ergibt, adaptiv und allmählich verlaufen und nicht von vorneherein festgelegt werden sollte.

Einen Sprint Zero gibt es eigentlich nicht. Alle Sprints sind insoweit gleich als in jedem Sprint neue Produktinkremente erstellt werden.

Keine zusätzlichen Sprints

Manchmal werden auch spezielle Sprints durchgeführt, um unerledigte Aufgaben noch zu erledigen und das Inkrement für das Release (Version) vorzubereiten. Dies ist völlig inakzeptabel, weil jeder Eintrag, an dem man in einem Sprint arbeitet, vollständig fertiggestellt werden muss, bevor er als Teil des Inkrements gelten kann und alle Inkremente releasefähig sein müssen. Es ist wichtig, dass wir sowohl fertige Einträge als auch releasefähige Inkremente haben, weil dies die Inkremente repräsentativer macht und zuverlässigeres Feedback erzeugt. Andererseits wird das Projekt dadurch insgesamt auch besser prognostizierbar; anderenfalls weiß man nie, wie hoch der Aufwand für die Fertigstellung wirklich ist (was im Nachgang übrigens viel aufwendiger ist als wenn man es umgehend erledigt).

Integration Sprints, Hardening Sprints oder Release Sprints etc. gibt es nicht. Alle Sprints sind gleich und in allen Sprints werden releasefähige Inkremente erzeugt, die zu 100% fertige Einträge enthalten.

2.3.2.2 Sprint Planning

Alle Projekte benötigen Planung und Agile Projekte sind hier keine Ausnahme. Das Sprint Planning ist eine der Planungsaktivitäten bei Scrum, jedoch nicht die einzige. Es handelt sich dabei um die erste Aktion in einem Sprint, bei der die Mitglieder des Sprint Teams zusammenkommen, um den Sprint zu planen.

Die Ergebnisse dieser Planungsaktivität werden im Sprint Backlog gespeichert und im Laufe des Sprints um weitere Einzelheiten ergänzt.

Dauer

Das Sprint Planning ist zeitlich begrenzt, d.h. timeboxed, und dauert maximal 8 Stunden. Bei einer Sprint-Länge von unter 1 Monat ist das Sprint Planning in der Regel kürzer.

Früher empfahl die Scrum-Fachliteratur in der Regel eine Dauer proportional zur Sprint Länge. Bei Sprints mit einer Länge von 2 Wochen dauerte das Sprint Planning 4 Stunden etc. Diese Empfehlung wurde zwar aus Gründen der Flexibilität aus dem Scrum Guide gestrichen, aber ein proportionaler Ansatz erscheint nach wie vor vernünftig.

Die Timebox für das Sprint Planning wird vom gesamten Scrum Team festgelegt und, wie die Sprint-Länge, für alle Sprint Plannings verwendet, bis sich das Team für eine andere Timebox entscheidet.

Themen

Im Sprint Planning sollten drei Fragen zum **Warum**, **Was** und **Wie** diskutiert werden. Sehen wir uns diese Fragen als Nächstes einmal an.

– Warum?

Warum führen Sie diesen Sprint durch?

Die Antwort auf diese Frage wäre Ihr nächstes **Sprintziel**. Dieses Ziel muss auf das **Produktziel** abgestimmt sein, das wiederum das übergeordnete Projektziel ist.

Falls Sie Zweifel bezüglich bestimmter Einträge haben, können Sie die Einträge anhand des Sprintziels interpretieren. Das Sprintziel bietet Ihnen in diesem Sinne Orientierung für Ihre Aktivitäten. Es ist sinnvoll, ein Ziel zu haben und nicht auf einzelne Aktivitäten oder Features beschränkt zu sein.

Das Sprintziel wird vom gesamten Scrum zusammen, in einer gemeinsamen Anstrengung erstellt.

– Was?

Nach Erstellung des Sprintziels konkretisiert das Team seine Planung. Dazu wählt das Team eine Reihe von Einträgen aus dem Product Backlog und überträgt diese in das Sprint Backlog. Es handelt sich dabei um die Features, Bug Fixes etc., die das Team während des Sprints fertigstellen wird.

In den Anfängen von Scrum ging es primär um Wertmaximierung. In der 2020-Ausgabe des Scrum Guides wird den Zielen (dem Produktziel und dem Scrum-Ziel) jedoch viel Aufmerksamkeit gewidmet, was stärker der Vorgehensweise der etablierten Projektmanagementmethoden entspricht. Folglich ist dieser Prozess aktuell durch einen leichten Widerspruch gekennzeichnet. Einerseits geht es darum, die Elemente im Product Backlog so zu ordnen, dass der Wert maximiert wird. Aus diesem Grund wählt man für das Sprint Backlog die Einträge oben im Product Backlog. Andererseits müssen wir die ausgewählten Einträge jedoch auf ein bestimmtes Ziel anpassen. Wir können uns also vorstellen, dass der Product Owner die Reihenfolge der Einträge dynamisch so verändert, dass oben im Product Backlog aus der Gruppe der mit dem Sprintziel kompatiblen Einträgen die Einträge mit dem größten Wert stehen und die Entwickler:innen dann diese Einträge auswählen.

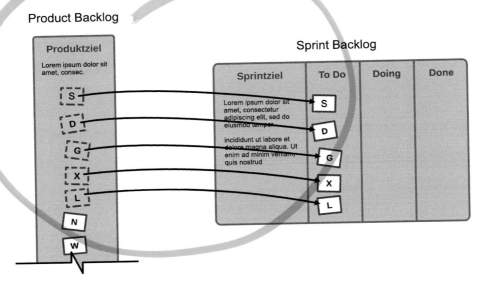

Die Erstellung des Sprintziels und die Auswahl der Einträge für das Sprint Backlog müssen unabhängig von der oben dargelegten Schwierigkeit iterativ erfolgen. Mit anderen Worten, Sie erstellen das Sprint Backlog und wählen zuerst die Einträge aus. Ausgehend von den ausgewählten Einträgen können Sie dann das Sprintziel entsprechend anpassen und danach auf der Grundlage des angepassten Sprintziels einige Einträge austauschen und so weiter.

Ein häufiges Problem beim Sprint Planning ist die Frage, wie viele Einträge man für einen Sprint auswählen soll. Die Entscheidung diesbezüglich liegt einzig und alleine bei den Entwicklern und Entwicklerinnen. Zwingt man die Entwickler:innen mehr Einträge auszuwählen, so kann sich dies in mehrfacher Hinsicht kontraproduktiv auswirken.

Bei der Auswahl der Einträge erklärt der Product Owner diese wahrscheinlich einzeln, um sicherzustellen, dass die Entwickler:innen sie korrekt verstehen und es später keine unliebsamen Überraschungen gibt.

– Wie?

Haben Sie das Sprintziel festgelegt und die Einträge für den Sprint ausgewählt, ist es endlich an der Zeit für die Entwickler:innen über diese Einträge nachzudenken und sich zu überlegen, wie sie diese bauen möchten. Das Ergebnis ist eine Reihe von Aufgaben (in der Regel technischer Natur). Mit anderen Worten die Entwickler:innen teilen die Einträge auf in Aufgaben.

Für gewöhnlich muss nicht alles im Voraus geplant werden. Die Entwickler:innen müssen nicht alle Einträge aufteilen. Wenn sie die ersten paar Einträge im Sprint Backlog aufteilen und die Aufteilung der anderen dann im Sprint nachholen, ist dies auch ausreichend.

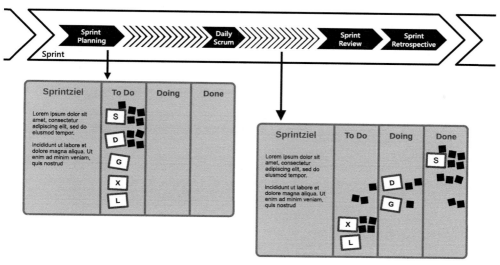

Die Ergebnisse der Arbeit zu den drei Punkten des Sprint Plannings (Sprintziel, Product-Backlog-Einträge (Product Backlog Items, PBI) und Aufgaben) werden im Sprint Backlog festgehalten.

Bereitschaft

Die meisten Einträge im Product Backlog sind ursprünglich groß und unklar. Wandern sie im Product Backlog nach oben, werden sie in kleinere Einträge unterteilt und wir wenden mehr Zeit auf, um sie klarer zu machen.

Die Einträge ganz oben im Product Backlog sollten folgende Merkmale aufweisen:
- Sie sollten so klein sein, dass man sie in einem Sprint fertigstellen kann;
- Sie sollten klar sein und bestimmte implizite oder explizite Annahmekriterien umfassen.

Diese Einträge sind dann für die Entwicklung im Sprint bereit. Was aber geschieht, wenn die Einträge oben im Product Backlog nicht bereit sind?

In diesem Fall werden sie nicht übersprungen, weil sie nicht bereit sind, sondern trotzdem für den Sprint ausgewählt. Im Sprint werden sie dann weiter verfeinert und Einzelheiten ergänzt. Wir gehen so vor, weil nicht die Bereitschaft, sondern der Wert eines Eintrags maßgeblich ist, ob wir an einem Eintrag arbeiten oder nicht.

In manchen Projekten wird eine **Definition of Ready** (Definition von Bereitschaft, DoR) erstellt. Dies ist in der Regel unnötig, weil:
- Der Begriff Bereitschaft einfach ist und keiner projektspezifischen Ausarbeitung wie einer DoR bedarf und
- bei Vorliegen einer solchen Definition die Gefahr bestünde, dass das Team die Definition als Ausgangspunkt für die Entwicklung von Einträgen nutzen würde, was nicht ratsam wäre.

2.3.2.3 Daily Scrum

Unabhängig davon, für welchen Entwicklungsansatz man sich entscheidet, ist es stets ratsam, kurze tägliche Projektbesprechungen abzuhalten, damit alle über den aktuellen Stand informiert sind. In adaptiven Umgebungen, wo es vorab keine detaillierten Planungen gibt, ist dies sogar noch wichtiger.

Dauer

Das Daily Scrum dauert in der Regel 15 Minuten und wird häufig im Stehen abgehalten, um die Besprechung kurz zu halten. Das Daily Scrum wird daher im Allgemeinen auch als Daily Standup bezeichnet.

Regelmäßigkeit

Wir ziehen es vor, das Daily Scrum stets am gleichen Ort und gleichen Platz abzuhalten. Anderenfalls muss man täglich für die Organisation der nächsten Besprechung Zeit aufwenden, was nicht zu rechtfertigen wäre.

Die Entwickler:innen halten diese Besprechung normalerweise vor ihrem Sprint Backlog, das sich in der Regel auf einer großen Wandtafel befindet. Manche Teams ziehen es vor, das Daily Scrum am Anfang des Arbeitstages abzuhalten, andere halten es lieber am Ende des Tages und manche halten es mitten am Tag ab, wenn sie sicher sein können, dass alle anwesend sind.

Schwierig kann es bei **verteilten Teams** mit Mitarbeitern in unterschiedlichen Zeitzonen werden. Hier müssen bei der Festlegung der Zeit für das Meeting Kompromisse gemacht werden. Videokonferenzen können helfen, eine ähnliche Umgebung wie bei Präsenzbesprechungen zu schaffen. Nichtsdestotrotz ziehen wir, wo immer dies möglich ist, Teams vor, die am gleichen Ort untergebracht sind und persönlich miteinander kommunizieren können.

Teilnahme

Das Daily Scrum ist den Entwickler:innen vorbehalten. Andere Personen (Product Owner, Scrum Master, Manager:innen, Kunden, Teammitglieder von anderen Projekten etc.) können der Besprechung beiwohnen, dürfen jedoch nichts sagen, sondern nur beobachten.

Zweck

Zweck dieser Besprechung ist, die Entwickler:innen über den Stand des Projekts zu informieren und ihre Arbeit zu synchronisieren. Die Entwickler:innen prüfen ihren Fortschritt in Richtung des Sprintziels und überlegen bzw. planen, was sie in den nächsten 24 Stunden erledigen wollen. Beim Daily Scrum, aber nicht nur dort, wird in der Regel auch das Sprint Backlog aktualisiert.

Um sicherzustellen, dass das Daily Scrum regelmäßig stattfindet und alle Entwickler:innen einen Beitrag leisten, beantworten die Teilnehmer:innen, in der Regel eine:r nach dem anderen, die folgenden drei Fragen:

1. Was haben Sie seit der letzten Besprechung fertiggestellt?
2. Was planen Sie bis zur nächsten Besprechung fertigzustellen?
3. Was behindert Sie dabei?

Diese Vorgehensweise ist bei Agilen Projekten weit verbreitet. Frühere Versionen des Scrum Guides implizierten sogar, sie sei verpflichtend. Später wurden diese

Fragen dann aus dem Scrum Guide gestrichen, weil man der Meinung war, dass es mehrere Wege gebe, um diese Besprechung zu leiten und die Entwickler:innen selbst entscheiden müssten, was am besten sei. Nichtsdestotrotz scheint die Abarbeitung dieser drei Standardfragen die beste Option zu sein.

Umgang mit Schwierigkeiten

Unabhängig davon, wie das Daily Scrum durchgeführt wird (mit oder ohne die drei Fragen), müssen eventuelle Hindernisse angesprochen werden. Beim Daily Scrum geht es jedoch rein um die Identifizierung und Kommunikation der Hindernisse, nicht darum sie zu lösen, da dies viel Zeit in Anspruch nehmen kann.

Erzählt ein:e Entwickler:in von einer Schwierigkeit und Sie wissen, wie diese gelöst werden kann, sollten Sie warten bis die Besprechung vorüber ist und dann versuchen, diesem Entwickler bzw. dieser Entwicklerin zu helfen.

Keine Statusbesprechung

Einige Teams nutzen das Daily Scrum als Statusbesprechung, um ihre Leistung an den Product Owner, den Scrum Master oder jemand anderen zu berichten. Dies ist jedoch nicht der primäre Zweck des Daily Scrum. Stattdessen sollten sich die Teams auf die Synchronisierung und Planung konzentrieren. Bitte denken Sie daran, dass das Daily Scrum eine Besprechung für die Entwickler:innen ist.

Im Allgemeinen ziehen wir es vor, ein großes Sprint Backlog an der Wand zu haben, auf dem der Sprintfortschritt für jeden ersichtlich ist. Ein weiterer Vorteil ist, dass damit der Projektfortschritt im Sprint Review bewertet werden kann. Diese Art von Fortschrittbericht sollte für ein reguläres Projekt ausreichen.

Überwachung des Sprintfortschritts

Eines der Themen, das im Daily Scrum abgehandelt wird, ist der Fortschritt in Richtung des Sprintziels oder einfach gesagt, der Sprintfortschritt. Die Entscheidung, wie dies getan wird, obliegt den Entwickler:innen. Die Messung des Fortschritts in Richtung eines nicht quantifizierten Ziels ist alles andere als einfach und immer subjektiv. Eine gängige Praxis ist jedoch, dass die Teams die verbleibende Arbeit im Verhältnis zur Zeit messen und in einem **Burn-Down-Chart** darstellen.

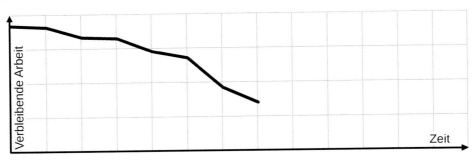

Die Verwendung von Burn-Down-Charts ist bei Scrum optional. Sie dienen zur Visualisierung des Sprintfortschritts und des Projektfortschritts insgesamt. Im Kapitel Crystal gehen wir nochmals genauer auf dieses Thema ein.

2.3.2.4 Sprint Review

Wir setzen für jeden Sprint ein kleines Ziel fest und konzentrieren uns dann darauf, dieses Ziel zu erreichen. Am Ende des Sprints halten wir dann ein Review ab, bei dem wir alles gemeinsam mit dem Kunden durchgehen und Feedback vom Kunden erhalten. Dies ist für unseren adaptiven Ansatz von entscheidender Bedeutung.

Dauer

Das Sprint Review dauert bei einem Sprint mit einer Länge von 1 Monat maximal 4 Stunden. Bei kürzeren Sprints ist das Review in der Regel kürzer. Das Review ist zeitlich begrenzt (timeboxed). In der Regel legen wir die Timebox einmal fest und nutzen diese dann für jedes Review, es sei denn wir entscheiden uns ausgehend von den aus dem Projekt gewonnenen Erkenntnisse dafür, die Dauer zu ändern.

Regelmäßigkeit

Es wäre von Vorteil, die Besprechungen möglichst stets zur gleichen Zeit und am gleichen Ort abzuhalten. Bei Sprints mit einer Länge von 1 Monat, die stets am Monatsanfang beginnen, können die Besprechungen beispielsweise stets am letzten Werktag im Monat stattfinden.

Dies ist hilfreich, weil es zu mehr Regelmäßigkeit führt und die Vertreter:innen des Kunden und der User (Benutzer:innen) ihre eigenen Termine darauf ausrichten und leichter an den Besprechungen teilnehmen können.

Teilnahme

Am Sprint Review nimmt das gesamte Scrum Team, der Kunde und, falls möglich, auch die Vertreter:innen und eventuellen Berater:innen der letztendlichen User teil. Sie alle bewerten den Sprint und geben Feedback.

Themen

Das Sprint Review behandelt mehrere Punkte:

- Wir bewerten das letzte Inkrement und lassen die Vertreter:innen der Kunden sowie der User damit arbeiten und bitten sie dann um Feedback. Da wir unser Produkt entsprechend adaptieren müssen, ist dies wahrscheinlich der wichtigste Teil dieser Besprechung.

- Der Product Owner informiert alle über den Projektfortschritt.
- Alle Teilnehmer diskutieren, was als nächstes zu tun ist.

Der Product Owner nutzt das in dieser Besprechung generierte Feedback dann zur Überprüfung des Product Backlogs.

Monitoring der Projektleistung

Sowohl der Kunde als auch die ausführende Organisation müssen grob wissen, wann das Projekt fertig sein wird. Der Kunde benötigt das Wissen, damit er im Geschäftsbetrieb die entsprechenden Vorkehrungen treffen kann und die ausführende Organisation damit sie die nächsten Projekte planen kann. Die Kommunikation des Projektfortschritts ist daher ein Aspekt im Sprint Review.

Die Messung des Projektfortschritts insgesamt erfolgt durch den Product Owner, weil diese:r die Einträge im Product Backlog und die künftigen Möglichkeiten am besten kennt. Nur zur Erinnerung: Die Messung des Sprintfortschritts ist Aufgabe der Entwickler:innen.

Gemessen wird der Fortschritt des Projekts in Richtung des **Produktziels**. Die Entscheidung, welche Parameter genutzt werden und wie diese zu berechnen sind, obliegt zwar dem Product Owner, aber am besten prognostiziert man, wann das Ziel erreicht sein wird. Der Product Owner betrachtet dazu normalerweise die bestehenden Einträge im Product Backlog und berücksichtigt einerseits die Einträge, um die das Backlog künftig voraussichtlich ergänzt wird und andererseits die Entwicklungsrate (Geschwindigkeit).

Genau wie beim Sprintfortschritt kommt auch hier häufig ein Burn-Down-Chart zur Visualisierung des Projektfortschritts zum Einsatz. Verpflichtend ist dies aber nicht.

2.3.2.5 Sprint Retrospective

Bei adaptiven Systemen geht es darum, das Produkt an seine Umgebung anzupassen. Das Sprint Review ist dabei eines der wichtigsten Events. Daneben müssen wir jedoch auch unsere Arbeitsweise entsprechend an die Umgebung anpassen. Letzteres beschränkt sich allerdings nicht auf adaptive Projekte, sondern ist stets notwendig. Agile Projekte nehmen dies jedoch ernster und halten in der Regel am Ende einer Iteration reflexive Besprechungen ab mit dem Ziel, die Arbeitsweise zu verbessern. Dieses Meeting wird bei Scrum als Sprint Retrospective bezeichnet.

Die Sprint Retrospective ist eine strukturierte Methode zur Prozessverbesserung. Für uns stellt die Sprint Retrospective jedoch nur eine Mindestanforderung dar. Unsere Bemühungen hinsichtlich der Prozessverbesserung gehen weit darüber hinaus. Verbesserungen können jederzeit stattfinden.

Dauer
Die Sprint Retrospective dauert bei einem Sprint mit einer Länge von 1 Monat maximal 3 Stunden. Bei kürzeren Sprints ist sie in der Regel kürzer. In der Regel ist die Sprint Retrospective zeitlich begrenzt (timeboxed) und die festgelegte Dauer gilt für alle Sprint Retrospectives bis wir uns entschließen, diese Dauer zu ändern.

Teilnahme
An dieser Besprechung nehmen alle Mitglieder des Scrum Teams teil und versuchen gemeinsam einen Weg zu finden, um den nächsten Sprint noch weiter zu optimieren.

Geltungsbereich
Bei der Sprint Retrospective geht es um den Prozess, nicht um das Produkt; es geht um Kontext, nicht um Inhalt. Zwar wird möglicherweise besprochen, wie man das Product Backlog verfeinern kann, die Verfeinerung selbst wird aber nicht durchgeführt; man spricht über den Umfang und die Methode des Produkttests, testet das Produkt aber nicht.

Ergebnis
Die Besprechung führt zu einer oder mehreren Verbesserungen an unserer Vorgehens- und Arbeitsweise im nächsten Sprint.

Manche denken, ihr Team sei reif genug, um ohne Sprint Retrospectives auszukommen. Das ist unrealistisch. Ein Team, das so perfekt ist, dass keine weiteren Verbesserungen mehr möglich sind, ist nur schwer vorstellbar.

Ein Problem, das bei der Durchführung von Verbesserungsmaßnahmen häufig auftritt, ist ein überambitioniertes Vorgehen. Mit anderen Worten, das Team plant zu viele Verbesserungen oder nimmt sich Verbesserungen vor, die zu komplex sind. Am besten beschränkt man sich hier auf nur eine realistische Verbesserung, nämlich die Verbesserung, die am wichtigsten erscheint.

Umgang mit Planungen
Die 2017 Ausgabe des Scrum Guides wurde um die Aussage ergänzt, dass in der Sprint Retrospective mindestens eine Verbesserung entworfen und im nächsten Sprint Backlog ergänzt werden muss. Dies führt leider zu zwei Problemen:
1. Erstens werden hier produktbezogene und prozessbezogene Einträge vermischt. In der Regel erwarten wir, dass es im Product Backlog und Sprint Backlog einzig und allein um das Produkt und nichts anderes geht.

2. Normalerweise gilt, dass alles, was im Sprint Backlog steht aus dem Product Backlog stammt, weil wir sicherstellen wollen, dass die Einträge miteinander kompatibel und ordnungsgemäß priorisiert sind und wir nicht nur auf die Arbeiten reagieren, die scheinbar am dringendsten sind. Durch die oben genannte Aussage wird das Sprint Backlog nun jedoch um einen Eintrag ergänzt, der nicht aus dem Product Backlog stammt. Dies ist ein Verstoß gegen die oben genannte Regel.

In der 2020 Ausgabe des Scrum Guides wurde dies geändert. Dort heißt es nicht mehr, dass eine Verbesserung im Sprint Backlog aufgenommen werden muss, sondern aufgenommen werden kann. Der Scrum Guide geht trotzdem nach wie vor davon aus, dass alle Einträge im Sprint Backlog aus dem Product Backlog stammen.

2.3.3 Artefakte

Bislang haben wir uns die Rollen und Events angesehen. Als nächsten Scrum-Begriff sehen wir uns nun die Artefakte an.

Bei Scrum gibt es drei Artefakte:
1. Das **Inkrement:** Dieses ist die neueste Version des Produkts, die wir für den Kunden erstellt haben.
2. Das **Product Backlog:** Das Product Backlog ist unser Gesamtprojektplan. Es umfasst das Produktziel und eine geordnete Liste an Einträgen (wie z. B. Features), die wir unserem Produkt hinzufügen möchten.
3. Das **Sprint Backlog:** Unser kurzfristiger Projektplan, der in einem einzigen Sprint umgesetzt wird. Das Sprint Backlog umfasst das Sprintziel, eine Liste mit Product-Backlog-Einträgen (Product Backlog Item, PBIs) und eine Reihe von Aufgaben, die durch Zerlegen der Einträge erstellt wurden.

Für jedes Artefakt gibt es ein **Commitment**, mit dem das Artefakt interpretiert und die Bemühungen gelenkt werden.
- Das Commitment für das Inkrement ist die **Definition of Done (DoD),** die klar macht, was wir meinen, wenn wir sagen, etwas sei fertig.
- Das Commitment für das Product Backlog ist das **Produktziel.** Es verdeutlicht, was mit der Entwicklung der Einträge (Items) erreicht werden soll. Das Produktziel ist unsere Produktvision oder leitet sich von dieser ab.
- Das Commitment für das Sprint Backlog ist das **Sprintziel.** Es verdeutlicht, was wir im Sprint durch die Entwicklung der PBI erreichen wollen. Für jeden Sprint gibt es ein eigenes Sprint Backlog und Sprintziel.

2.3.3.1 Product Backlog

Das Product Backlog ist unser Gesamtplan für das Projekt und das Produkt. Es reflektiert unser Verständnis der Erwartungen an das Produkt. Im Product Backlog denken wir über Feedback nach, lösen widersprüchliche Anforderungen und setzen Prioritäten. Die gesamte Arbeit im Sprint hat ihren Ursprung im Product Backlog.

Das Product Backlog kann in einer Applikation oder einer digitalen Datei gespeichert werden. Vorzugsweise verwendet man dafür jedoch ein Whiteboard im Projektraum.

Darauf wird Folgendes vermerkt:
- Das Produktziel;
- Die Einträge (Items) (in der Reihenfolge ihrer Wichtigkeit)

Produktziel

Das Produktziel ist unsere Produktvision oder zumindest ein Zwischenschritt auf dem Weg zu einer übergeordneten Vision. Es ist das, was wir durch die Entwicklung von Einträgen (Items) erreichen wollen. Unsere Bemühungen mit Hilfe eines solchen Ziels zu bündeln und in eine bestimmte Richtung zu lenken ist sinnvoll, da man anderenfalls willkürlich an Einträgen arbeiten würde.

Früher ging es bei Scrum hauptsächlich um die Generierung von Wert. Zwar gab es außerdem die inoffizielle Idee einer optionalen „Produktvision", aber diese Idee wurde nie ernsthaft in Scrum integriert. Die 2020 Ausgabe des Scrum Guides folgt hier den etablierten Projektmanagementsystemen und führt in diesem Zusammenhang den Begriff des Produktziels ein. Dieser ist äußerst hilfreich, auch wenn die Idee der Wertmaximierung nach wie vor als eigenständige Idee existiert und manchmal in Widerspruch zu dem neuen Begriff des Produktziels steht. Wahrscheinlich benötigt die Scrum Community noch etwas Zeit, um dieses neue Konzept zu beobachten und richtig in das Framework einzubetten.

Zwar gibt es stets nur ein Produktziel, aber dieses kann nach einer gewissen Zeit erfüllt (bzw. annulliert) oder durch ein neues Ziel ersetzt werden. In den meisten Systemen gestaltet sich dies so als ob mehrere Projekte nacheinander ablaufen und jedes Projekt für das gleiche Produkt ein anderes Ziel verfolgt. Scrum hingegen fasst alle diese Bemühungen unter einem Dach zusammen und versucht nicht, sie als separate Projekte zu verpacken. Der Grund hierfür ist wahrscheinlich, dass manche Agile-Experten die Bezeichnung „Projekte" nicht mögen und die Bezeichnung „Produkte" vorziehen. Dies ist jedoch streng genommen nicht korrekt, da ein Projekt lediglich eine strukturierte Art ist, sich mit Produkten zu beschäftigen.

Vollständigkeit

Manche Teams halten es für eine gute Idee vor Beginn der Entwicklung ein vollständiges Product Backlog zu erstellen. Sie wissen jedoch bereits, dass dies dem Prinzip eines adaptiven Projekts widerspricht. Wir müssen akzeptieren, dass wir nie genau wissen, was für ein Produkt notwendig sein wird. Daher sollten wir mit einem unvollständigen Backlog beginnen und Inkremente erstellen, um unsere Umgebung besser zu verstehen und dann über die nächsten Schritte zu entscheiden. Wissen wir über ein Projekt alles von Anfang an, ist ein prädiktiver Ansatz vorzuziehen.

Das Product Backlog ist niemals vollständig, da es sich um ein dynamisches, veränderliches Artefakt handelt, das erst im Laufe des Projekts entsteht.

Die Art und Weise, in der wir das Projekt beginnen, ist mehr oder weniger klar. Wir wenden lediglich ein paar Tage auf, um das Produktziel und genügend Einträge (Items) für den ersten (oder die ersten) Sprints zu erstellen. Danach beginnen wir unmittelbar mit der Arbeit am ersten Sprint.

Im Gegensatz zu prädiktiven Systemen und einigen adaptiven Systemen, wie z. B. DSDM®, macht Scrum keinerlei Vorgaben zu Projekteröffnung und Projektabschluss. Manche empfinden dies als fundamentalen Nachteil. In den ersten Fachbüchern zu Scrum wurden diese Projektelemente zwar noch angesprochen, aber sie fanden nie ihren Weg in den Scrum Guide.

Product-Backlog-Einträge (Product Backlog Items, PBI)

Eine der wichtigsten Fragen in den ersten Agilen Systemen wie z. B. eXtreme Programming (XP) war, welche Art von Einträgen (Items) man für das Projekt definiert, da sich die Art der Einträge unmittelbar auf die Ausrichtung des Projekts auswirkt. So werden Einträge beispielsweise häufig auf nicht technische User Stories ohne gegenseitige Abhängigkeiten beschränkt. (Die Beschreibung dieser Attribute und die Bedeutung des Begriffs „User Story" finden Sie im Kapitel über eXtreme Programming (XP)). Scrum möchte Beschränkungen jedoch auf ein Minimum reduzieren und akzeptiert daher fast jede Art von PBI.

In einem idealen Setup dient ein Whiteboard als Product Backlog und jedes PBI wird auf eine Karte (eine Karteikarte oder ein Post-it) geschrieben.

Attribute von Einträgen (Items)

Jeder Eintrag (Item) auf dem Product Backlog hat folgende Attribute:

- **Beschreibung:** Hierbei handelt es sich um eine kurze Beschreibung des Eintrags (Items). Versuchen Sie nicht alle Einzelheiten des Eintrags abzudecken, da diese teilweise erst während der Arbeit zutage treten. Die Meinung, die Einträge seien nur eine Ausrede dafür, vollständige Spezifikationen durch Unterhaltungen zu ersetzen, ist weitverbreitet.
- **Größe:** Der Umfang der einzelnen Einträge muss für mehrere Zwecke bekannt sein: (Darauf gehen wir in Kürze noch näher ein.)
- **Reihenfolge:** Die Reihenfolge der einzelnen Einträge ergibt sich aus ihrer Position im Product Backlog.

Möglicherweise möchten Sie je nach Projektart noch weitere Attribute ergänzen (z. B. die Prioritäten niedrig, mittel und hoch). Einige der potenziellen Attribute sind jedoch mit Scrum nicht kompatibel; so sollte man beispielsweise Einträge keinem Owner (Führungsverantwortlichen) zuweisen, weil Ownership bei Scrum stets kollektiv gehandhabt wird.

Die Einträge in eine Reihenfolge bringen

Die Einträge im Product Backlog werden in eine Reihenfolge gebracht, die den Wert des Produkts ausgehend vom Produktziel maximiert.

Diese Aussage ist zu abstrakt. In Wirklichkeit hängt die Reihenfolge von vielen Faktoren ab und der Product Owner muss bei jedem Projekt die beste Vorgehensweise ermitteln.

- Nichtlinearität des Werts

Frühe Versionen von Scrum gingen davon aus, dass wir für jeden Eintrag einen bestimmten Geschäftswert ansetzen können. Der Geschäftswert war neben der Beschreibung, Größe und Reihenfolge eines der Standardattribute für Einträge. Die Idee war, dass man den Wert eines Eintrags schätzt, auf eine Karte schreibt und die Einträge dann entsprechend ihrem Wert in eine Reihenfolge bringt. Dies ist jedoch nicht völlig realistisch, weil der Wert eines Eintrags auch von den anderen Einträgen eines Produkts abhängt. Ein Feature für den Export von Inhalten in ein mit Excel kompatibles Format beispielsweise kann einen hohen Wert haben, weil die User ihre Daten mit Hilfe von Excel analysieren möchten. Ergänzt man jedoch in einer Applikation ein anderes Feature für die Datenanalyse, so dass die User die Datenanalyse nicht mehr in Excel ausführen müssen, verringert sich der Wert des Export-Features entsprechend.

Da der Wert also, wie oben erläutert, nicht linear ist, gilt er inzwischen nicht mehr als ein Attribut der Einträge. Anstatt über den Wert der einzelnen Einträge nachzudenken und diesen dann als Grundlage für die Reihenfolge der Einträge zu verwenden, denken wir inzwischen lieber ganzheitlicher darüber nach, welchen nichtlinearen Beitrag die einzelnen Einträge zum Produktwert leisten. Ehrlich gesagt beruht die Reihenfolge der Einträge zu einem großen Teil auf der Intuition des Product Owners und seiner oder ihrer Vorstellung von verschiedenen Kombinationen und nicht auf Berechnungen.

– Die Definition von Wert

Neben der Nichtlinearität des Werts gibt es bei der Definition noch eine weitere Schwierigkeit:

- In der Alltagssprache bezieht sich Wert in der Regel auf den Nutzen, der sich aus etwas ergibt.
- Die professionelle Management-Fachliteratur (z. B. der MoV®-Standard für Wert-management) dagegen definiert Wert in der Regel als Kosten-/Nutzenverhältnis.

Spricht man von „Preis-Leistungsverhältnis" und setzt hier Leistung gleich Wert, so bezieht man sich offensichtlich auf die erste Definition von Wert und meint damit quasi das „Kosten-Nutzen-Verhältnis". Bei der zweiten Definition dagegen ist der Begriff „Wert" alleine synonym zum „Kosten-Nutzen-Verhältnis".

Dies ist ein Problem, weil die Fachliteratur zu Agile im Allgemeinen und Scrum im Besonderen diese zwei Definitionen nicht sauber unterscheidet. Sprechen wir über Wertmaximierung muss es sich um die zweite Definition handeln, da nur ein maximales Kosten-Nutzen-Verhältnis, nicht aber der Nutzen um jeden Preis, maximiert werden soll.

Andererseits spricht die Fachliteratur jedoch auch davon, dass man bei der Festlegung der Reihenfolge des Product Backlogs nicht nur den Wert, sondern auch die Größe der Einträge (d.h. den mit den Einträgen verbundenen Aufwand) berücksichtigen muss.

– Risiken, Abhängigkeiten, etc.
Die korrekte Definition von „Wert" berücksichtigt die Größe (den Aufwand), die Risiken, die Abhängigkeiten und andere Elemente. Damit würde der Wert alleine ausreichen, um die Einträge in eine Reihenfolge zu bringen. Da die Fachliteratur zu Scrum die beiden Definitionen von „Wert" jedoch vermischt, wird in der Regel vorgeschlagen, die Einträge im Backlog nach Wert, Größe, Risiken, Abhängigkeiten etc. zu ordnen.
Im Allgemeinen (z. B. im Gespräch mit anderen) ist es möglicherweise einfacher nicht nur den Wert, sondern Wert, Größe, Abhängigkeiten, Risiko und andere Elemente als Grundlage für die Reihenfolge der Einträge zu verwenden.

– Betriebswirtschaftliche Fachbegriffe
Im Zusammenhang mit Wert kommt man mit einigen betriebswirtschaftlichen Fachbegriffen in Berührung. Diese Begriffe werden nachfolgend kurz und prägnant beschrieben, ohne auf Einzelheiten und praktische Anwendungen einzugehen:
- **Kapitalrendite (ROI):** Der ROI für einen bestimmten Zeitraum zeigt den Nutzen im Verhältnis zum eingesetzten Kapital; so bedeutet ein ROI von 50 % auf ein Jahr, dass man durch die Nutzung des Produkts die Hälfte der Investitionskosten innerhalb eines Jahres zurückerhält. Ziel ist ein möglichst hoher ROI. Der ROI ist die Kennzahl, die in Agilen Projekten am häufigsten verwendet wird.
- **Barwert (NPV):** Der NPV zeigt den über einen bestimmten Zeitraum investierten Gesamtbetrag abzüglich des erzielten Ertrags, wobei alle Werte inflationsbereinigt sind. Ein NPV von einer Million Euro über einen Zeitraum von zehn Jahren besagt, dass man zusätzlich zu den über 10 Jahre getätigten Investitionen, Erträge erwirtschaftet, die heute in etwa einem Wert von zehn Million Euro entsprechen würden. Ziel ist ein möglichst hoher NPV.
- **Amortisationsdauer:** Die Amortisationsdauer drückt aus, wie lange es dauert, um die ursprünglichen Kosten des Projekts wieder zu erwirtschaften. Bei einer Amortisationsdauer von drei Jahren beispielsweise erreicht ein Projekt den Punkt, ab dem das Projekt rentabel ist (Break-Even-Point, BEP), nach drei Jahren. Ziel ist eine möglichst kurze Amortisationsdauer.
- **Interne-Zinsfuß-Methode (IZM):** Der interne Zinsfuß ist der Abzinsungsfaktor, bei dem der NPV gleich Null ist. Beträgt der interne Zinsfuß in einem Projekt beispielsweise 20 % und gibt es gleichzeitig eine Bank, die Ihnen einen Zinssatz von über 20 % bietet, dann legen Sie Ihr Geld besser auf der Bank an, anstatt es in das Projekt zu investieren.
- **Gesamtkosten (Total Cost of Ownership, TCO):** Die TCO umfassen die Bereitstellungs- und die Betriebskosten eines Produkts. Wichtig ist in diesem Zusammenhang, dass eine Senkung der Bereitstellungskosten zu höheren Betriebskosten führen kann und man daher stets beide Kostenarten zusammen betrachten muss, bevor man ein Budget für die Bereitstellung zuweist.

Größe der Einträge (Items)

Da die Einträge, die im Product Backlog unten stehen, erst später geliefert werden, muss auf ihre klare Ausarbeitung, d. h. auf eine detaillierte Vorausplanung keine Zeit verwendet werden. Diese Einträge können allgemein und vage bleiben. Erst wenn sie im Product Backlog nach oben wandern, wird Zeit für ihre klare Ausarbeitung aufgewendet.

Um einen Eintrag klarer auszuarbeiten, müssen wir ihn in kleinere Einträge aufteilen und diese mit weiteren Informationen versehen. Da wir nur Einträge aufteilen, die im Product Backlog oben stehen, ist es vollkommen natürlich, dass die Einträge oben im Backlog kleiner sind als unten im Backlog. Dies ist eine offensichtliche Folge der Art und Weise, in der wir das Backlog verfeinern und heißt nicht, dass wir das Backlog nach der Größe der Einträge sortieren.

Da die Einträge im Sprint Backlog oben aus dem Product Backlog stammen, sind die Einträge im Sprint Backlog selbstverständlich kleiner als die Product-Backlog-Einträge (Product Backlog Items, PBI).

Handelt es sich bei den Einträgen um User Stories (was bei Scrum nicht verpflichtend ist. Nähere Informationen zu User Stories erhalten Sie im Kapitel eXtreme Programming (XP)), so werden größere User Stories manchmal als **Epic User Stories** oder einfach als **Epics** bezeichnet. Extrem große User Stories nennt man manchmal auch **Themes (Themen)**. Die Bezeichnung „Theme" steht dabei einerseits für extrem große Einträge, manchmal aber auch für Gruppen von miteinander verbundenen Einträgen, die für eine bestimmte Leistung der Applikation sorgen.

Schätzung von Einträgen (Items)

Ein Attribut von Product-Backlog-Einträgen (Product Backlog Items, PBI) ist ihre Größe, die u.a. für folgende Zwecke geschätzt werden muss:
- Die Schätzung erleichtert es dem Product Owner, den Wert eines Eintrags zu verstehen und entsprechend zu nutzen, wenn er oder sie die Einträge in eine Reihenfolge bringt. So kann beispielsweise ein Feature, das zur Integration einer Applikation in eine populäre Plattform dient, einen hohen Wert haben, wenn es innerhalb einer Woche fertiggestellt werden kann. Dauert die Fertigstellung jedoch sechs Monate, so ist das Feature möglicherweise weniger wünschenswert.
- Die Schätzung hilft den Entwicklern und Entwicklerinnen bei der Prognose, wie viele Einträge sie im Sprint Planning für das Sprint Backlog auswählen können.

Schätzungen sollten von den Entwicklern und Entwicklerinnen durchgeführt werden, da diese die künftige Arbeit ausführen und am besten wissen, wie viel Aufwand damit verbunden ist. Über die Schätzungen der Entwickler:innen kann man sich nicht hinwegsetzen.

Verfeinerung des Product Backlogs

Die Ergänzung eines PBIs um weitere Details nennt man „Verfeinerung des Product Backlogs". Früher sprach man auch von Pflege oder „Grooming" des Product Backlogs. Der Product Owner steht kontinuierlich in Verbindung mit dem Kunden und den Vertretern und Vertreterinnen der eigentlichen User, die jederzeit eine neue Anforderung entdecken und diesbezüglich einen neuen Eintrag erstellen können. In diesem Fall setzt sich der Product Owner mit den Entwicklern und Entwicklerinnen in Verbindung, erklärt ihnen den neuen Eintrag und bittet sie, die Größe zu schätzen. Dieses Szenario ist typisch für eine Verfeinerung des Product Backlogs.

Ein weiteres Szenario für die Verfeinerung des Product Backlogs ist, dass der Product Owner die Reihenfolge der Einträge ändert und einige der größeren Einträge im Product Backlog nach oben wandern. Da diese nun im Product Backlog oben stehen, beginnt der Product Owner sie entweder selbständig oder mit Hilfe der Entwickler:innen in kleinere Einträge aufzuteilen. Sobald dies geschehen ist, müssen die Entwickler:innen die Größe dieser Einträge schätzen.

Bitte denken Sie daran, dass es sich bei der Verfeinerung der PBI nicht um ein zeitlich begrenztes (timeboxed) Scrum Event handelt. Eine Verfeinerung des Product Backlogs kann jederzeit stattfinden.

Ältere Versionen des Scrum Guides enthielten die Empfehlung, dass die Entwickler:innen maximal 10% ihrer Zeit für die Verfeinerung des Product Backlogs aufwenden sollten. In der 2020 Ausgabe des Scrum Guides ist diese Empfehlung nicht enthalten, damit sie nicht versehentlich für eine präskriptive Aussage gehalten wird. Dessen ungeachtet erscheint 10% eine vernünftige Obergrenze zu sein.

Ownership (Führungsverantwortung)

Im Allgemeinen sagt man, dass der Produkt Owner die Führungsverantwortung für das Product Backlog trägt. Dies bedeutet, dass nur der Product Owner Veränderungen am Product Backlog vornehmen darf (es sei denn er oder sie delegiert diese Verantwortung ganz oder teilweise an jemand anderen). Dies sollte von allen respektiert werden, bedeutet aber nicht, dass alle mit dem Product Backlog verbundenen Tätigkeiten vom Product Owner durchgeführt werden; so liegt die Zuständigkeit (Durchführungsverantwortung) für die Schätzung beispielsweise, wie Sie bereits wissen, bei den Entwicklern und Entwickler:innen. Die Entwickler:innen übermitteln die Schätzungen an den Product Owner, der diese dann in den Einträgen des Product Backlogs ergänzt. Der Product Owner wird darüber hinaus bei der Erstellung und Sortierung der Einträge von verschiedenen Seiten beeinflusst, nicht zuletzt vom Kunden.

2.3.3.2 Sprint Backlog

Ein weiteres Scrum-Artefakt ist das Sprint Backlog, unsere Sprintplanung, die Folgendes umfasst:

- Das Sprintziel (die Antwort auf die Frage: **Warum?**)
- Die für den Sprint ausgewählten PBI (die Antwort auf die Frage: **Was?**)

- Die durch die Aufteilung der Einträge erstellten Aufgaben (die Antwort auf die Frage: **Wie?**)

Das Sprint Backlog wird während des Sprint Plannings erstellt und während des Sprints von den Entwicklern und Entwicklerinnen um Details ergänzt.

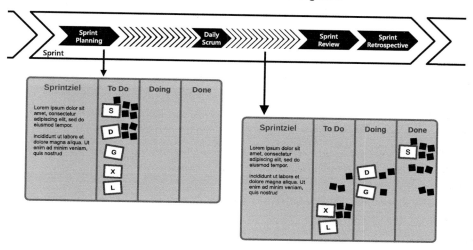

Das Sprint Backlog kann mit Hilfe einer Software-Applikation verwaltet und in einer digitalen Datei gespeichert werden. Wir ziehen allerdings physische Whiteboards für unsere Sprint Backlogs vor.

Ownership (Führungsverantwortung)

Das Ownership (die Führungsverantwortung) für das Sprint Backlog liegt bei den Entwicklern und Entwicklerinnen. Dies bedeutet, dass nur Entwickler:innen Veränderungen des Sprint Backlogs vornehmen dürfen. Es bedeutet jedoch nicht, dass kein anderer in den Inhalt des Backlogs involviert ist. So wird das Sprintziel beispielsweise vom gesamten Scrum Team festgelegt. Die Entwickler:innen entscheiden zwar, wie viele Einträge in das Sprint Backlog aufgenommen werden, aber welche Einträge die höchste Priorität haben und daher im Sprint bearbeitet werden sollten entscheidet in erster Linie der Product Owner.

Das Sprintziel

Um sicherzustellen, dass unsere Aktivitäten Früchte tragen, gibt es ein Produktziel, das als Orientierung dient. Das Produktziel ist jedoch übergeordneter Natur und wird erst langfristig erfüllt. Aus praktischen Gründen gibt es daher in jedem Sprint auch ein Sprintziel. Dies ist ein einfacheres, kurzfristigeres Ziel, das wir versuchen, bis zum Ende des Sprints zu erreichen.

Das Sprintziel ist Teil des Sprint Backlogs und wird in der Regel während des Sprints nicht verändert. Wird das Sprintziel aus irgendeinem Grund obsolet, so ist der Product

Owner befugt, den Sprint abzubrechen. In diesem Fall wandern die Einträge zurück in das Product Backlog und ein neuer Sprint beginnt. Ein obsoletes Sprintziel ist der einzige Grund für einen Sprintabbruch.

Unfertige Einträge

Was passiert, wenn am Ende des Sprints nicht alle Einträge im Sprint Backlog fertiggestellt sind? Ist jetzt der Moment gekommen, um in Panik zu verfallen?

Absolut nicht. Die Anzahl der für einen Sprint ausgewählten Einträge ist nur geraten. Niemand sollte den Entwicklern und Entwicklerinnen einen Vorwurf machen, wenn diese nicht alles liefern können. Macht man ihnen einen Vorwurf, so werden sie das nächste Mal weniger Einträge wählen und die Produktivität könnte sinken. Bitte beachten Sie, dass es nicht Ziel des Projekts ist, alle (oder möglichst viele) Einträge im Sprint Backlog abzuschließen. Ziel ist den Produktwert zu maximieren und die gesetzten Ziele zu erreichen.

Wie gehen wir also mit unfertigen Einträgen um?

Manche Teams verschieben unfertige Einträge in den nächsten Sprint. Dies ist nicht ratsam, denn in diesem Fall könnte Folgendes passieren: Möglicherweise haben Sie ein nettes Feature, das klein und einfach zu sein scheint. Der Product Owner erachtet das Feature aufgrund dieser Schätzung als wertvoll und stellt es ganz oben ins Product Backlog. Im Sprint stellt sich nun aber heraus, dass das Feature viel komplizierter ist als anfangs gedacht. Stellen Sie diesen Eintrag am Ende des Sprints wieder in das Product Backlog ein und revidieren seine geschätzte Größe, so hält der Product Owner den Eintrag aufgrund seiner neuen Größe vielleicht für weniger attraktiv und verschiebt ihn in die Mitte des Product Backlogs. Folglich würden Sie im nächsten Sprint nicht an diesem Eintrag arbeiten.

Ist ein Eintrag am Ende eines Sprints nicht fertiggestellt, so verschieben wir ihn einfach wieder in das Product Backlog und ändern bei Bedarf die geschätzte Größe. Der Product Owner ändert dann möglicherweise die Priorität des Eintrags. In den meisten Fällen arbeitet man zwar im nächsten Sprint an dem Eintrag weiter, aber dies ist nicht zwangsläufig der Fall.

Zu wenige Einträge

Was tut man, wenn man vor Ende des Sprints mit allen Einträgen fertig ist?

Ganz einfach: Man kann mit dem Product Owner sprechen und dann einen oder mehrere Einträge im Sprint Backlog ergänzen. Da sich das Team jedoch selbst managt kann man die Zeit auch dafür aufwenden, eine neue Technologie für das Projekt zu prüfen oder einige der bereits bestehenden Teile zu verbessern etc.

Festgeschrieben versus dynamisch

Das Sprint Backlog umfasst drei von ihrem Wesen her unterschiedliche Elemente. Da wäre erstens das Sprintziel. Das Sprintziel ist festgelegt und wird in der Regel während des Sprints nicht verändert. Am anderen Ende des Spektrums stehen die durch und durch dynamischen Aufgaben; die ersten Aufgaben werden beim Sprint Planning erstellt und die restlichen im Laufe des Sprints.

Beim dritten Element, den für den Sprint ausgewählten Product-Backlog-Einträgen (Product Backlog Items, PBI) herrscht Uneinigkeit. Traditionell werden die Einträge festgeschrieben, um für die Entwickler:innen eine stabile Umgebung ohne Ablenkungen zu schaffen. Dieser traditionelle Ansatz erscheint jedoch manchen als zu rigide insbesondere gegenüber der Vorgehensweise bei Kanban, die ganz ohne Iterationen auskommt. Viele Scrum-Praktizierenden schreiben daher die Einträge nicht mehr für die Dauer des Sprints fest, ein Ansatz, den auch der Scrum Guide unterstützt.

2.3.3.3 Inkrement

Ein Inkrement ist immer die neueste Version der Applikation und enthält mindestens ein neues Feature oder eine neue Funktionalität bzw. mindestens eine Veränderung gegenüber der Vorgängerversion. Alle Inkremente müssen vollständig fertig und nutzbar sein, denn

- nur so kann man sicher sein, dass der Kunde und die Vertreter:innen der eigentlichen User das Inkrement richtig verstehen und zuverlässig Feedback geben können.
- dadurch sorgen wir für eine planbarere Umgebung, in der wir einen Eintrag wirklich abschließen und zum nächsten Eintrag übergehen können, ohne uns über versteckte Probleme in den vorhergehenden Schritten Sorgen machen zu müssen.

Dies ist so wichtig, dass man im Allgemeinen sagt, Inkremente müssen **releasefähig** sein. Ein Release (Version) muss nicht tatsächlich erfolgen, aber die Inkremente müssen releasefähig sein, damit man ganz sicher sein kann, dass sie tatsächlich fertig sind.

Definition of Done (DoD)

Da man also fertiggestellte releasefähige Inkremente benötigt, muss klar sein, was fertiggestellt eigentlich bedeutet. Dies richtet sich nach dem jeweiligen Projekt, so dass es keine allgemeingültige Definition geben kann und daher gibt es das Konzept der Definition of Done (DoD).

Die DoD wird vom gesamten Scrum Team erstellt und beschreibt, wann ein Inkrement fertig ist. Sie deckt alle Entwicklungsprozesse und Qualitätsaspekte ab (z. B. nicht-funktionale Features wie Leistung und Instandhaltbarkeit, Tests und Entwicklungsstandards).

Einige Organisationen haben Qualitätsstandards, die in allen Projekten erfüllt werden müssen. Möglicherweise gibt es auch einen Entwicklungsstandard, der in allen Projekten befolgt werden muss. In diesem Fall wird die DoD um die Standards der Organisation ergänzt. Die DoD und die Standards bilden dann gemeinsam die Mindestanforderungen, die das Team um seine eigenen Bedingungen ergänzt.

Das Team erstellt die DoD bei Projektstart und nutzt sie dann während des gesamten Projekts. Nachdem das Team das Projekt besser kennengelernt und Erfahrungen gesammelt hat, nimmt es manchmal (z. B. bei der Sprint Retrospective) Verbesserungen an der DoD vor. Idealerweise sollte die DoD nicht mitten im Sprint verändert werden.

Bitte beachten Sie, dass sich die DoD auf das Inkrement und nicht auf die Einträge bezieht, denn die Vollständigkeit des Produkts ist ein ganzheitliches Konzept. Beschreibt die DoD jedoch, wie man durch Ergänzung des letzten Inkrements um einen neuen Eintrag ein neues fertiges Inkrement schaffen kann, so sagt uns die DoD quasi auch, wann ein einzelner Eintrag fertiggestellt ist.

Anzahl der Inkremente

Die meisten Agilen Systeme implizieren, dass am Ende jeder Iteration jeweils nur ein Inkrement steht. Das Gleiche galt bislang mehr oder weniger auch für Scrum. Inzwischen distanziert sich Scrum jedoch nach und nach von diesem System. Wurde anfangs nur die Möglichkeit mehrerer Inkremente in Betracht gezogen, so wurden im Scrum Guide 2020 bestimmte Veränderungen vorgenommen, die implizieren, dass es in jedem Sprint mehrere Inkremente geben muss.

Laut der aktuellen Definition wird ein neues Inkrement gebildet, sobald ein Eintrag so weit fertiggestellt ist, dass er der DoD entspricht und in das vorherige Inkrement integriert werden kann. Hat man also 20 Einträge im Sprint Backlog und stellt alle bis zum Ende des Sprints fertig, so hat man wahrscheinlich 20 Inkremente des Produkts erstellt (es sei denn, sie stellen manche gleichzeitig fertig).

Das letzte Inkrement eines Sprints, das alles enthält, was bis zu diesem Zeitpunkt fertiggestellt ist, wird dann im Sprint Review bewertet. Im Scrum Guide steht zwar, dass man die „Summe aller Inkremente" bewertet, aber „die Summe aller Inkremente" entspricht praktisch dem letzten Inkrement.

Releases (Versionen)

Zwar sollte jedes Inkrement releasefähig sein, aber wir müssen nicht für jedes Inkrement ein Release (Version) erstellen. Die Entscheidung, ob es sinnvoll ist, ein Produkt für die Produktivumgebung freizugeben, trifft der Product Owner. Die Zuständigkeit (Durchführungsverantwortung) liegt beim Product Owner, weil es sich bei der Erstellung eines Release um eine geschäftliche (Business) Entscheidung handelt, die mit dem Betrieb und möglicherweise auch den anderen Projekten der Organisation abgestimmt werden muss.

Bei Scrum gibt es im Gegensatz zu anderen Agilen Systemen kein Release Management System. Scrum-Praktizierende nutzen hier in der Regel ihre eigene Releaseplanung und ihre eigenen Kontrollelemente. Die Zuständigkeit liegt, unabhängig von der Art der Verwirklichung, beim Product Owner, der jedoch von anderen unterstützt werden kann.

Ist ein Inkrement dem Geschäft (Business) dienlich, so kann ein Release (Version) erstellt werden. Dies ist nicht auf das letzte Inkrement pro Sprint beschränkt. Falls erforderlich können pro Sprint auch mehrere Releases (Versionen) erstellt werden.

2.4 Skaliertes Scrum

Scrum zeichnet sich durch eine flache Organisation ohne zentrale Koordination aus und eignet sich folglich nicht für Teams mit vielen Mitgliedern. Erfordert ein Projekt eine größere Zahl von Mitarbeitern, so können mehrere Teams zum Einsatz kommen. In diesem Fall spricht man von skaliertem Scrum.

Zur Skalierung von Scrum gibt es nicht nur einen gültigen Weg, sondern mehrere Frameworks wie zum Beispiel:
* **Nexus™:** Ein Framework von Scrum.org, das sich durch eine einfache und klare Struktur auszeichnet.
* **Scrum@Scale™:** Ein Framwork von Scrum Inc.
* **LeSS™:** Eine leichte und übersichtliche Skalierungsmethode, die tendenziell auch die Ebene des Programmmanagements abdeckt.
* **SAFe™:** Eine durchaus komplizierte, von vielen großen Organisationen (z. B. Banken) bevorzugte Methode, die zwar nicht mit allen Agilen Konzepten kompatibel ist, aber die allgemeinen Erwartungen von Managern in großen Organisationen erfüllt.

SAFe und zu einem gewissen Grad auch LeSS sehen sich selbst als allgemeine Frameworks für die Skalierung und nicht als Skalierungsframeworks für Scrum. Die Annahmen bezüglich der Teams lassen in der Praxis jedoch darauf schließen, dass sie für Scrum entworfen wurden.

Agile Praktizierende, die mehrere Teams benötigen, können anstelle von skaliertem Scrum DSDM verwenden, das standardmäßig mehrere Teams unterstützt.

Einige Agile Pioniere glauben, Agile sei nicht für große Projekte geeignet und Skalierungssysteme seien nicht wirklich Agile, sondern dienten lediglich den Beratern als Möglichkeit, größeren Organisationen Services zu verkaufen. Zwar steckt in dieser Behauptung möglicherweise ein wahrer Kern, aber man darf dabei DSDM nicht vergessen. DSDM ist eine Agile Methode der ersten Generation, die von Anfang an standardmäßig mehrere Teams und große Projekte unterstützt hat.

Zwar richtet sich das meiste, was wir über die Skalierung von Scrum sagen können, nach dem jeweils gewählten Framework, es gibt aber dennoch ein paar allgemeine Überlegungen, über die wir im Rest dieses Kapitels sprechen werden.

2.4.1 Rollen

Eine der größten Schwierigkeiten bei der Skalierung von Scrum betrifft die Rollen, genauer gesagt die Anpassung der bestehenden Rollen an die skalierte Umgebung und die Möglichkeit zusätzlicher Rollen. Sehen wir uns diese Möglichkeiten einmal an…

2.4.1.1 Entwickler:innen

Jedes Team umfasst eine bestimmte Zahl an Entwickler:innen, die jedoch nicht in Vollzeit für ein einziges Team arbeiten müssen. Bei Bedarf kann ein:e Mitarbeiter:in auch Mitglied in mehreren Teams sein. Dies ist dann wichtig, wenn spezielle Fachkenntnisse in mehreren Teams benötigt werden und der oder die entsprechende Mitarbeiter:in dafür nicht zu viel Zeit aufwenden muss.

In einem standardmäßigen Setup mit einem Team bevorzugen wir ein festes, stabiles Team. Beim skalierten Scrum gibt es jedoch mehrere Möglichkeiten. So gehen einige Ressourcen davon aus, dass die Teams von den Entwickler:innen selbst (wahrscheinlich unterstützt vom Scrum Master) gebildet werden müssen. Einige Fachbücher sprechen sich beim skalierten Scrum für feste Teams aus, andere wiederum bevorzugen flexible Teams und ermöglichen den Entwicklern und Entwicklerinnen die Teams vor dem Start eines Sprints zu wechseln.

Bei der Bildung von Teams ist es wichtig, darauf zu achten, dass jedes Team funktionsübergreifend ist und Product-Backlog-Einträge (Product Backlog Items, PBI) unabhängig bzw. zumindest ohne technische Abhängigkeit von einem anderen Team fertigstellen kann. Im Allgemeinen unterscheiden wir bei den Teams die folgenden zwei Arten:
- **Komponenten-Teams:** Jedes Team arbeitet an einer bestimmten Komponente des Produkts (Datenbank, Benutzerschnittstelle, etc.).
- **Feature Teams:** Jedes Team arbeitet unabhängig von A bis Z an Features.

Wir ziehen die Option der Feature Teams vor.

Manchmal beginnt man mit einem oder nur wenigen Teams und weitet diese dann später zu mehreren Teams aus. Dies macht man vor allem dann, wenn die Teammitglieder nicht viel Erfahrung mit Scrum haben. Auf diese Art und Weise arbeiten die Teammitglieder zuerst in einem Team, das weiß, was zu tun ist, und sammeln etwas Erfahrung, bevor sie sich dann mittels einer der beiden unten genannten Optionen aufteilen und ein neues Team bilden.
- **Split-and-Seed (aufteilen und erweitern):** Das ursprüngliche Team bzw. die ursprünglichen Teams werden in mehrere Teams unterteilt und die neuen Teams

jeweils um neue Mitglieder ergänzt damit sie wieder funktionsübergreifend und leistungsstark sind.
* **Grow-and-Split (hinzufügen und aufteilen):** In diesem Fall werden die bestehenden Teams um neue Teammitglieder erweitert, bis sie ihre volle Kapazität erreicht haben (oder leicht übersteigen). Danach wird jedes Team in zwei Teams aufgeteilt.

Die Modelle Split-and-Seed und Grow-and-Split sind auch nützlich, wenn es um die Verbreitung und Übernahme des Frameworks (für mehrere Projekte) innerhalb der Organisation geht. Eine Möglichkeit besteht darin, Scrum anfangs in einem Pilotprojekt auszuprobieren und das Team erst, wenn es mit der agilen Arbeitsweise vertraut ist, in mehrere Teams aufzuteilen und mehrere Projekte abzudecken.

2.4.1.2   Scrum Master

Jedes Team braucht einen Scrum Master und zwar nur einen, mehr ist nicht nötig. Die Rolle des Scrum Masters muss jedoch nicht in Vollzeit ausgeübt werden. Dass eine Person für mehrere Teams die Rolle des Scrum Masters übernimmt, ist durchaus üblich.

Einige Fachbücher schlagen vor, die neue Rolle eines leitenden Scrum Masters einzuführen, der die lokalen Scrum Master koordiniert. Dies ist jedoch nicht üblich, denn die Aktivitäten des Scrum Masters müssen weder konsistent noch zentral koordiniert sein; so ist es beispielsweise unerheblich, ob die Art und Weise, in der ein Team moderiert wird zu der Moderation in einem anderen Team passt oder nicht. Bei den Aspekten der Tätigkeiten eines Scrum Masters, die eine gewisse Konsistenz erfordern, sollten wir uns darauf verlassen können, dass die selbstorganisierten Anstrengungen des Teams ausreichen und es nicht der Koordination durch eine separate Rolle bedarf.

2.4.1.3   Product Owner

Die Anzahl der Product Owner bei skalierten Scrum Teams ist einer der umstrittensten Punkte zwischen den verschiedenen Frameworks:
* Manche Frameworks sind der Ansicht, dass es unabhängig von der Anzahl an Teams immer nur einen Product Owner geben sollte, weil dieser dafür zuständig (durchführungsverantwortlich) ist, für konsistente Einträge (Items) im Product Backlog zu sorgen und Prioritäten festzulegen. Diese Ansicht ist legitim, da es schwierig sein kann, wenn die Zuständigkeit (Durchführungsverantwortung) hierfür bei mehreren Personen liegt.
* Andere Frameworks dagegen sehen einen Product Owner pro Team (wobei eine Person auch als Product Owner für mehrere Teams fungieren kann) und einen **Leitenden Product Owner** vor, der für Konsistenz sorgt. Ihre größte Sorge besteht darin, dass der Product Owner auch dafür zuständig (durchführungsverantwortlich) ist, den Entwicklern und Entwicklerinnen die Einträge zu erklären und gemeinsam mit ihnen zu überprüfen, um unerwünschte Überraschungen auszuschließen. Bei

einer großen Anzahl von Entwicklern und Entwicklerinnen ist diese Aufgabe durch einen einzigen Product Owner nur schwer zu bewerkstelligen.

2.4.1.4 Weitere Rollen

Sie erinnern sich wahrscheinlich daran, dass weitere Rollen bei Scrum nicht erlaubt sind. Skalierte Scrum Teams müssen gegen diese Regel verstoßen, weil sie eine zentrale Koordination benötigen. Einige Frameworks behaupten jedoch, skalierte Scrum Teams hätten gar keine weiteren Rollen und die Scrum Teams mit weiteren Rollen seien einfach ganz normale Scrum Teams mit anderen Zuständigkeiten (Durchführungsverantwortungen).

Bei Nexus beispielsweise gibt es ein Nexus Integrationsteam, das für die Koordination zuständig (durchführungsverantwortlich) ist und sicherstellt, dass die geleistete Arbeit und die Inkremente entsprechend integriert werden. Das Team umfasst einen Product Owner (bei Nexus gibt es nur einen Product Owner, nicht einen Product Owner pro Team), einen Scrum Master und eine Reihe von anderen Teammitgliedern als Vertreter:innen der normalen lokalen Teams. Die Teammitglieder übernehmen in diesem Beispiel zwei Rollen: die Rolle der regulären Entwickler:innen und auf Koordinationsebene die Rolle des Vertreters oder Repräsentanten bzw. der Vertreterin oder Repräsentantin.

2.4.2 Events

Umfasst ein Projekt mehrere Teams, so müssen die ursprünglichen Events entsprechend verändert und an diesen Umstand angepasst werden. Möglicherweise ergibt sich auch der Bedarf für zusätzliche Events.

2.4.2.1 Sprint

Eine einfache Methode besteht darin, die Sprints zu synchronisieren, so dass alle Teams ihre Sprints zur gleichen Zeit beginnen und beenden. Obwohl dies durchaus sinnvoll ist, bestehen viele Quellen nicht darauf und ermöglichen den Teams die Durchführung unterschiedlicher Sprints. In der Regel wird die Synchronisation von Sprints jedoch in Betracht gezogen, weil manche Teams möglicherweise eine andere zeitlich begrenzte (timeboxed) Sprintlänge wünschen. Beispiel: Möglicherweise entscheiden sich die meisten für 4-wöchige Sprints, aber ein paar führen 2-wöchige Sprints durch. In diesem Fall besteht immer noch ein gewisser Grad an Synchronisation, selbst wenn dies nicht so genannt wird.

Sind die Sprintlängen und Starttermine der einzelnen Teams völlig unterschiedlich und nicht miteinander kompatibel, gestaltet sich die Organisation der anderen Events, wie z. B. der Sprint Reviews, als überaus kompliziert. Daraus folgt, dass selbst bei Frameworks, die die Synchronisierung der Sprints nicht verbindlich vorschreiben, eine sinnvolle Organisation der Sprints erwartet wird.

2.4.2.2 Sprint Planning

Im Sprint Planning beantworten die Teammitglieder die Fragen **Warum, Was** und **Wie**:

- **Warum?** Diese Frage führt zum Sprintziel. Entscheiden wir uns zu einem gemeinsamen Sprintziel für alle Teams, dann müssen alle einen Beitrag leisten und das Ziel gemeinsam erreichen. Dies gilt auch dann, wenn der oder die Product Owner möglicherweise die größte Rolle spielt oder spielen. Andererseits ermöglicht das genutzte Framework eventuell auch verschiedene Sprintziele. In diesem Fall muss das Sprintziel auf Teamebene erreicht werden. Idealerweise gibt es dafür ein System, das sicherstellt, dass dies ordnungsgemäß erfolgt. Verfügt ein System beispielsweise über mehrere lokale Product Owner, so sind diese bereits auf den Chief Product Owner ausgerichtet und arbeiten gemeinsam mit dem restlichen lokalen Team an der Erstellung eines lokalen Sprintziels. Sind dagegen bei einem System mit nur einem Product Owner separate lokale Sprintziele erwünscht, so können Probleme auftreten.
- **Was?** Diese Frage ist für gewöhnliche Aufgabe des oder der Product Owner und der Entwickler:innen. Hierfür gibt es zwei allgemeine Vorgehensweisen:
  1. Alle Entwickler:innen nehmen am Sprint Planning teil und arbeiten zusammen. Jedes Team wählt seine eigenen Einträge aus. Diese Vorgehensweise bietet den Vorteil, dass die Meinungen aller Teammitglieder gehört werden.
  2. Jedes Team entsendet eine:n Vertreter:in zum Sprint Planning, der oder die die Einträge für das Team auswählt. Diese Vorgehensweise bietet den Vorteil, dass die Zahl der Teilnehmer:innen begrenzt wird und das Meeting damit leichter zu organisieren ist.
- **Wie?** Bei dieser Frage geht es um die Einträge in den lokalen Sprint Backlogs, mit anderen Worten diese Frage muss auf lokaler Ebene beantwortet werden.

Basierend auf den oben genannten Erklärungen erscheint bei skalierten Systemen ein zweiteiliges Sprint Planning erforderlich: eine gemeinsame Besprechung für die Fragen nach dem „**Was**" und möglicherweise „**Warum**" sowie eine lokale Besprechung zur Beantwortung der Frage nach dem „**Wie**" (und möglicherweise „**Warum**").

2.4.2.3 Daily Scrum

Jedes Team hält sein eigenes Daily Scrum ab mit dem standardmäßigen Ziel, die Teammitglieder zu synchronisieren. Darüber hinaus ist jedoch auch eine Form der übergeordneten Synchronisation erforderlich, an der ein:e Vertreter:in pro Team (eine:r der Entwickler:innen) teilnimmt. Dies trägt zur Synchronisation der Teams untereinander bei. Dieses Meeting nennt man traditionell **Scrum of Scrums.** Einige

Skalierungsframeworks benutzen jedoch andere Bezeichnungen und manche dieser Frameworks verwenden die Bezeichnung „Scrum of Scrums" auch für andere Zwecke.

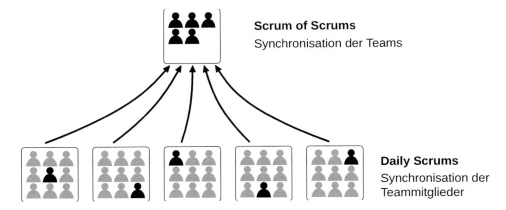

Scrum of Scrums
Synchronisation der Teams

Daily Scrums
Synchronisation der
Teammitglieder

In der Regel beantworten die Teammitglieder beim Daily Scrum die drei klassischen Fragen. Das gleiche Format kann auch auf das Scrum of Scrums angewendet werden. In diesem Fall kann man ergänzend eine vierte Frage stellen: „Werden Sie ein anderes Team in irgendeiner Form behindern?"

2.4.2.4 Sprint Review

Dieses Event hängt tatsächlich davon ab, welchen Framework Sie letztendlich nutzen und kann beispielsweise wie folgt ablaufen: In einem großen Raum sind alle Teams und alle Vertreter:innen der Kunden versammelt. Jedes Team hat einen Stand und die verschiedenen Kundenvertreter:innen laufen umher und sehen sich an, um welche Features das integrierte Inkrement ergänzt wurde. Alternativ kann auch eine kleinere Besprechung mit nur einem Vertreter bzw. einer Vertreterin pro Team abgehalten werden.

2.4.2.5 Sprint Retrospective

Die genaue Vorgehensweise richtet sich zwar nach dem Framework für die Skalierung, aber generell scheinen zwei verschiedene Sprint Retrospectives notwendig zu sein:
1. Ein lokales Meeting, bei dem die Teammitglieder überlegen, wie sie ihr eigenes Team verbessern können.
2. Ein globales Meeting, an dem alle Teammitglieder und ihre Vertreter:innen teilnehmen und gemeinsam nach Möglichkeiten suchen, um das Projekt insgesamt zu verbessern.

2.4.3 Artefakte

Neben den bereits beschriebenen Rollen gibt es auch Überlegungen hinsichtlich der Artefakte, insbesondere der Inkremente. Diese sehen wir uns in diesem Abschnitt nochmals schnell an.

2.4.3.1 Product Backlog

Folgendes gilt unabhängig davon, wie viele Teams an einem Produkt arbeiten: Handelt es sich um nur ein Produkt, darf es auch nur ein Product Backlog geben, um sicherzustellen, dass alle Einträge konsistent und korrekt priorisiert sind.

Diese einfache Regel ist in der Praxis eventuell nicht so klar wie erwartet. Der Grund ist, dass wir ein Produkt möglicherweise in viele kleinere Produkte unterteilen können oder es größere Produkte gibt, die aus vielen kleinen Produkten bestehen. Um zu verstehen, wann wir etwas in kleinere Teile unterteilen und diese Teile dann als Produkte bezeichnen bzw. separate Product Backlogs für diese Teile haben können, muss man sich die praktischen Folgen vor Augen führen: Warum wollen wir nur ein Product Backlog pro Produkt? Der Grund ist, dass wir Konsistenz und eine entsprechende Priorisierung brauchen. Sind also die Teile eines größeren Produkts so unabhängig, dass sie separat definiert, priorisiert und entwickelt werden können, so kann man diese als eigenständige Produkte mit eigenständigen Projekten, Product Backlogs und Teams sehen.

2.4.3.2 Sprint Backlog

Jedes Team benötigt ein eigenes Sprint Backlog mit einem eigenen Sprintziel, eigenen Einträgen und Aufgaben. In manchen Fällen können sich alle oder einige Teams ein Ziel teilen. Dies ist interessant, aber nicht verpflichtend und nicht in allen Fällen möglich. Bezüglich der Einträge gilt, dass jeder Eintrag von wirklich nur einem Team fertiggestellt wird, da anderenfalls zu viele Abhängigkeiten entstehen würden, was kontraproduktiv wäre. Falls Sie der Meinung sind, ein einzelnes Team könne einen Eintrag nicht ohne die Hilfe der anderen Teams fertigstellen, so ist dies möglicherweise ein Indiz dafür, dass die Teamzusammensetzung nicht stimmt und die Teams nicht so funktionsübergreifend sind, wie sie eigentlich sein sollten.

2.4.3.3 Inkremente

Betrachten wir die zuvor erwähnte Sonderdefinition des Begriffs Inkrement, bei der jeder neu fertiggestellte Eintrag, der die Definition of Done (DoD) erfüllt, ein neues Inkrement darstellt, so wird klar, dass Inkremente nicht einzelnen Teams gehören können, sondern integriert und mit allen Teams geteilt werden müssen.

Sobald ein Team einen Eintrag fast fertig hat, beginnt das Team damit, den Eintrag in den restlichen Code zu integrieren und Fehlfunktionen oder Fehler zu beheben. Ist das Team sicher, dass alles stimmt, wird der Eintrag als fertig bezeichnet. Damit wurde ein neues Inkrement erstellt, das neben dem neuen Eintrag alle Einträge umfasst, die von den Teams bis dahin geschaffen wurden.

Ein solches sinnvolles Setup ist nur möglich, wenn alle Teams die gleiche DoD haben und so sichergestellt ist, dass ihre Tätigkeiten untereinander kompatibel sind.

Um ganz präzise zu sein: Jedes Team kann seine eigene lokale DoD erstellen und eigene Beschränkungen ergänzen. Solange die lokale DoD mit der gemeinsamen DoD kompatibel ist, wird alles, was ein Team gemäß der gemeinsamen DoD als fertig bezeichnet auch tatsächlich fertig sein und keine Probleme verursachen. Dieser Fall kommt gar nicht so selten vor, weil manche Teams aufgrund der Art von Einträgen, an denen sie für gewöhnlich arbeiten, ihre DoD eventuell um zusätzliche Tests ergänzen möchten.

3. Crystal

Crystal und die Light-Version **Crystal Clear** gehören zu einer Familie von Agilen Prozessmodellen. Crystal Clear ist eine Agile Methode der ersten Generation, die viel für diese Domäne getan hat.

Sehen wir uns ein paar der wichtigsten Aspekte von Crystal, die in modernen Agilen Projekten am häufigsten vorkommen, näher an.

3.1 Die Cockburn-Skala

Die von dem Erfinder von Crystal Alistair Cockburn beschriebene Cockburn Skala dient der Klassifizierung von Projekten nach Größe und Kritikalität. Der zugrundeliegende Gedanke ist, dass die Kombination dieser beiden Faktoren bestimmt, welche Art von Methode für das Projektmanagement benötigt wird. Dieses grundlegende Konzept scheint in der Agilen Community in Vergessenheit geraten zu sein.

Die Skala visualisiert das Konzept wie folgt:

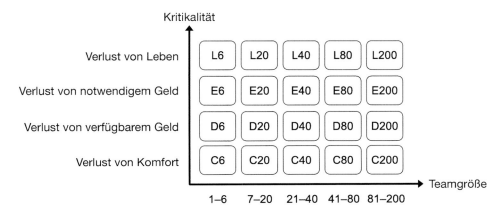

Jede Methode eignet sich für eine oder mehrere der 20 (oder in manchen Versionen 16) Projektarten, nicht aber für alle. So eignet sich Scrum für C6, D6 und wahrscheinlich auch E6. Cockburn selbst stellte sich für Teile dieser Projektklassen mehrere Crystal-Methoden vor, von Crystal Clear mit einer ähnlichen Domäne wie Scrum bis zu Crystal Yellow, Orange, Red, Maroon, Diamond und Sapphire. Crystal Clear wurde als einzige Methode dieser Familie vollständig entwickelt.

3.2　Häufige Releases (Versionen)

Bei Agilen Systemen gibt es keine Planung vorab. Sie basieren auf Anpassung an das Feedback. Der Erfolg eines adaptiven Systems richtet sich dabei offensichtlich nach der Qualität und Quantität des Feedbacks, das während des Projekts generiert wird.

Häufig wird bei Agilen Projekten jedoch übersehen, dass nur die eigentlichen User (Benutzer:innen), nicht die Kunden, echtes Feedback geben können. Möglicherweise haben Sie mehrere unveröffentlichte Produktinkremente, die Sie häufig gemeinsam mit dem Kunden bewerten. Ihre gesamte weitere Entwicklung richtet sich nach dem Feedback, das Sie vom Kunden erhalten. In diesem Fall haben Sie aber keine Garantie dafür, dass die erstellte Software bei den Usern Erfolg hat. Deshalb sind Releases während des Projekts von Vorteil, da dann die User mit der Applikation arbeiten und zuverlässigeres Feedback generieren.

Bitte beachten Sie dabei, dass Feedback sich nicht darauf beschränkt, die User zu fragen, was sie von dem Inkrement halten; die wichtigste Art von Feedback erhält man, wenn man beobachtet, wie die User die Applikation nutzen. Denken Sie stets daran, dass das, was Menschen sagen, nicht unbedingt dem entspricht, was sie tun und dass Letzteres wichtiger ist.

Häufigere Releases in die Produktivumgebung generieren jedoch nicht nur zuverlässigeres Feedback, sondern auch Wert, mit anderen Worten, der Kunde beginnt Geld zu verdienen.

Crystal legt daher großen Wert auf häufige Releases und schlägt vor, (mit Ausnahme des ersten Releases, das länger dauern kann) alle paar Monate ein Release herauszugeben. Für Web-Applikationen schlägt Crystal sogar vor, alle paar Wochen ein Release herauszugeben.

3.3　Osmotische Kommunikation

Crystal legt großen Wert auf einen gemeinsamen Projektraum und ein **an einem Ort zusammenarbeitendes Team** damit alle Teammitglieder an einem Ort versammelt und nicht über die gesamte Organisation verstreut sind.

In einem an einem Ort zusammenarbeitenden Team konzentrieren sich alle auf das Projekt. Das erleichtert die Kommunikation. Ein weiterer Vorteil ist, dass ein solches Team die osmotische Kommunikation fördert.

In einem solchen Team laufen viele Informationen im Hintergrund ab, sodass die Teammitglieder die relevanten Informationen automatisch aufnehmen. So kann zum Beispiel vorkommen, dass sich zwei Entwickler:innen über ein Problem bezüglich des Authentifizierungssystems unterhalten und Sie gewisse Stichworte wie „Problem" und „Authentifizierung" aufschnappen. Einige Tage später verhält sich das Authentifizierungssystem nicht so wie es soll. Anstatt nun lange zu überlegen, was hier los ist, vermuten Sie, dass es mit dem gleichen Problem zu tun hat, über das die Entwickler:innen gesprochen haben. Sie gehen also zu den Entwickler:innen und sprechen mit ihnen darüber.

Die osmotische Kommunikation ist eine direkte Folge der Zusammenarbeit an einem Ort. Sie ist aber auch bei verteilten Teams zu einem gewissen Grad möglich. So können Kollegen beispielsweise, wenn sie sich eine E-Mail schicken alle anderen in CC: nehmen.

3.4 Walking Skeleton

Ein Walking Skeleton ist ein kleines Produktinkrement, das eine einfache Funktion vollständig durchführen kann.

Ein Walking Skeleton sollte im Projekt so früh wie möglich erstellt werden, da es das Team **frühzeitig motiviert** und dazu beiträgt, dass sich alle das künftige Produkt vorstellen können. Mit einem Walking Skeleton können wir die Applikation außerdem einem nicht technischen Publikum demonstrieren und so echtes Feedback einholen.

Einige Projekte entwickeln viel, erstellen aber keine vollständigen Funktionen. Sie brauchen lange bis ein funktionsfähiges Inkrement vorliegt. Ist dies dann endlich der Fall, handelt es sich meist nicht mehr um ein „Skelett". Idealerweise organisiert man die zu entwickelnden Einträge so, dass vollständige Funktionen zu einem möglichst frühen Zeitpunkt bereitstehen. Dazu beginnt man mit einem Walking Skeleton und macht sich dann auf dieser Basis an die weitere Entwicklung.

3.5 Information Radiator

Die Idee **großer, gut sichtbarer Charts** geht auf das eXtreme Programming (XP) zurück und wurde später von Crystal unter der Bezeichnung **Information Radiator** übernommen und ausgedehnt. Diese Bezeichnung hat sich gegenüber dem in XP verwendeten Namen durchgesetzt. Inzwischen gibt es bei fast jedem Agilen Projekt irgendeine Form von Information Radiator.

Ein Information Radiator ist ein großer Bildschirm oder eine große Tafel, auf der relevante und aktuelle Informationen über das Projekt angezeigt werden. Die Menschen, die dort arbeiten oder vorbeigehen, erhalten von dem Board Antworten auf bestimmte Fragen, ohne diese überhaupt stellen zu müssen.

Die Kommunikation von Informationen ist zwar wesentlich, stellt aber nicht die einzige Funktion eines Information Radiators dar. Ein Information Radiator hilft den Mitarbeitern und Mitarbeiterinnen auch, sich auf das zu konzentrieren, was sie für wichtig erachten. Ist Ihr Ziel beispielsweise, die Nutzung eines bestehenden Produkts zu steigern, so setzen Sie möglicherweise einen Information Radiator ein, der den Nutzungsgrad im zeitlichen Verlauf zeigt, um zu sehen, welche Auswirkungen die von Ihnen ergänzten neuen Features auf die Nutzung haben.

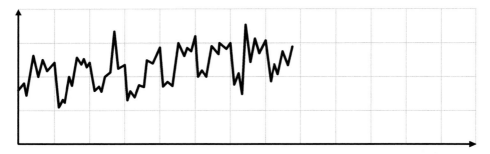

Die **Visualisierung von Informationen** bezieht sich darauf, wie Informationen möglichst nützlich und effektiv präsentiert werden können. Im Beispiel oben liegen viele Störeinflüsse vor, die das Erkennen des tatsächlichen Verlaufs erschweren. So wiederholt sich beispielsweise ein Muster, das mit den Wochentagen und deren inhärenten Auswirkung auf das User-Verhalten zusammenhängt. Verwendet man Wochen- anstatt Tageswerte, so kann man die Einflüsse der Wochentage beseitigen. Eine weitere Möglichkeit, um einige der Störeinflüsse auszublenden, ist die Nutzung größerer Stichproben.

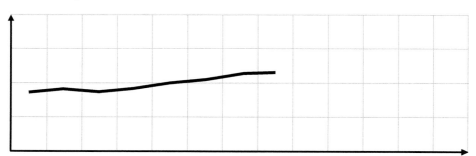

Falls Sie ein Ziel oder ein paar Grenzwerte haben, können Sie diese ebenfalls im Diagramm ergänzen. Liegt die typische Nutzungsrate in Ihrer Branche beispielsweise bei 10% bis 17%, so können Sie dies als Bereich darstellen. Ist Ihr Ziel, eine Nutzungsrate von 15% zu erreichen, so können Sie dies durch eine Linie verdeutlichen.

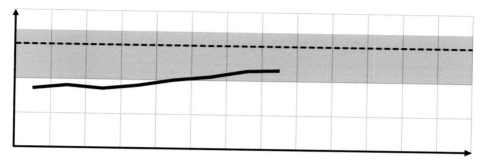

Im Folgenden sprechen wir darüber, welche Arten von Informationen Sie visualisieren können.

3.5.1 Nicht entdeckte Fehler

Ein nicht entdeckter Fehler ist ein Fehler, der beim Testen nicht aufgedeckt und erst vom Kunden oder Endanwender entdeckt wird. Wir wollen die Zahl der nicht entdeckten Fehler natürlich auf ein Minimum beschränken und möglicherweise ist es eine gute Idee, diese mit Hilfe eines Information Radiators zu visualisieren.

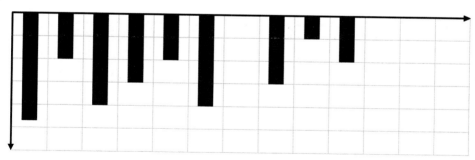

Nicht entdeckte Fehler sind nicht wünschenswert und sollten daher am besten als nach unten gerichtete Balken dargestellt werden, um zu zeigen, dass höhere Werte schlechter sind.

Falls Grenzwerte vorhanden sind, so können diese ergänzt werden. Liegt die akzeptable Fehlerobergrenze bei 5 und der Wunschwert bei 2 oder weniger, so kann man dies mit Hilfe von zwei Linien dargestellt werden.

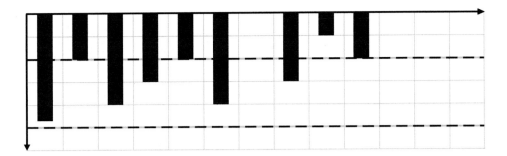

3.5.2 Informationen zum Fortschritt

Bezüglich des Fortschritts wollen wir eigentlich messen, welchen Wert wir durch unsere Arbeit generiert haben bzw. wie viel näher wir unseren Zielen gekommen sind (im Fall von Scrum zum Beispiel unserem Produktziel). Diese Konzepte sind jedoch zu abstrakt und daher nur schwer messbar. Aus diesem Grund messen wir stellvertretend die Menge an fertiggestellter Arbeit, die sich auf verschiedene Arten visualisieren lässt, auf die wir im Folgenden noch eingehen.

3.5.2.1 Burn-Up-Chart

Eine Möglichkeit, die Menge der fertiggestellten Arbeit zu visualisieren, besteht darin, die Summe der geschätzten Größen der vollständig fertiggestellten Einträge im Verhältnis zur Zeit darzustellen.

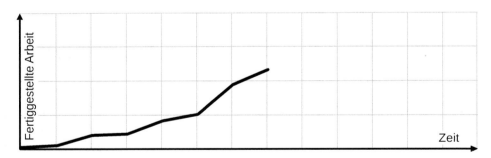

Wollen wir das Diagramm um weitere Informationen ergänzen, so können wir beispielsweise bei Scrum das Ziel darstellen. Dazu visualisieren wir die Gesamtgröße des Product Backlogs. Da wir jedoch die fertiggestellten Einträge aus dem Backlog entfernen, wird das Backlog immer kleiner. Um eine bessere Visualisierung des Ziels zu erreichen, können wir die Größe der Iteration plus die Größe des Product Backlogs (der verbleibenden Arbeit) als Ziel (Gesamtarbeit) betrachten.

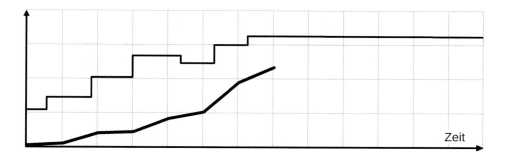

Ergänzen oder entfernen wir Einträge im Product Backlog bewegt sich das Ziel nach oben und unten.

Bei der Betrachtung eines solchen Diagramms denken die meisten Menschen automatisch an die Entwicklungsgeschwindigkeit und stellen sich vor, wann das Ziel erreicht sein wird (möglicher Fertigstellungstermin). Damit dies für alle einfacher wird, können wir im Diagramm eine Trendlinie ergänzen.

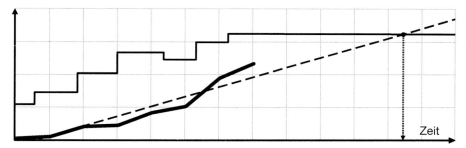

Möglicher Fertigstellungstermin

Jeder Product Owner weiß jedoch, dass ein solcher Fertigstellungstermin nicht in Stein gemeißelt ist, sondern nur der Orientierung dient, weil das Product Backlog jederzeit verändert werden kann. Um zu verdeutlichen, dass es sich um eine Schätzung und nicht um einen exakten Wert handelt, kann man das Ziel nach dem aktuellen Datum in Form einer gestrichelten Linie darstellen. Alternativ kann man die Linie durch eine angemessene Bandbreite ersetzen.

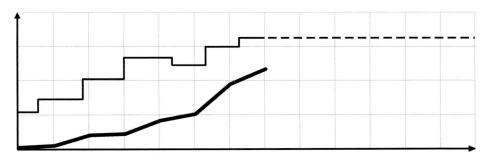

Abschließend wäre es auch hilfreich, eventuell vorhandene spezifische Meilensteine im Diagramm anzuzeigen. So kann beispielsweise ein Release (Version), das basierend auf dem ungefähren Fertigstellungstermin des Produkts geplant wird, durch eine horizontale Linie und ein Release, das mit einem festen Termin geplant wird, durch eine vertikale Linie dargestellt werden.

3.5.2.2 Burn-Down-Chart

Das vorhergehende Diagramm kann auch umgedreht und wie folgt dargestellt werden:

Dieses Diagramm zeigt nicht die fertiggestellte, sondern die Menge der noch verbleibenden Arbeit. Da die Kurve im Laufe der Zeit nach unten geht, spricht man von einem Burn-Down-Chart.

Burn-Down-Charts sind in Scrum-Projekten populär und trotz ihrer großen Schwächen nach wie vor die beliebteste Methode zur Darstellung des Projektfortschritts. Sie sind so weit verbreitet, dass die Agile Community, ein normales Diagramm (wie im vorherigen Abschnitt beschrieben) als Burn-Up-Chart bezeichnet, weil es die umgekehrte Form eines Burn-Down-Charts hat.

Das erste Problem bei einem Burn-Down-Chart bezieht sich auf die Perspektive, in der die Informationen visualisiert werden. Fortschritt ist etwas Wünschenswertes und es wäre intuitiver, wenn etwas Wünschenswertes nach oben und nicht nach unten gehen würde.

Das zweite Problem ist, dass ein Burn-Down-Chart gut funktioniert, solange die Arbeit vorab festgelegt ist. Verändert sich die Arbeitsmenge jedoch, so muss die Y-Achse kontinuierlich angepasst werden. Burn-Down-Charts wurden primär zur Überwachung des Sprintfortschritts eingesetzt. Sprints umfassten jedoch eine feste Zahl an Einträgen, so dass sich das Problem der kontinuierlichen Zielanpassung nicht stellte. Man konnte einfach eine vertikale Linie ergänzen, um das timeboxed Ende des Sprints anzuzeigen und eine Trendkurve einzeichnen, um zu sehen, ob bis zu diesem Ende des Sprints alle Einträge fertiggestellt sein würden.

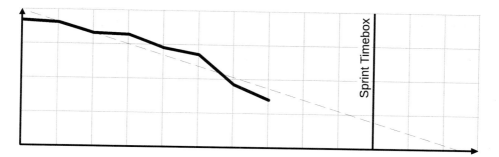

Anstelle (oder zusätzlich zu) einer Trendkurve, kann man eine einfache Kurve einzeichnen, die eine lineare Geschwindigkeit von Anfang bis Ende repräsentiert. Diese Kurve stellt den geplanten Fortschritt dar. Durch einen Vergleich des Ist-Werts mit dem Soll-Wert können Sie Ihre Leistung überprüfen. Liegt die Ist-Kurve über der Soll-Kurve, dann sind Sie in Verzug, anderenfalls sind Sie dem Zeitplan voraus.

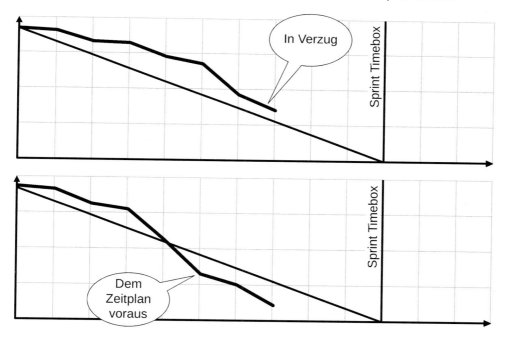

Diese Art von Verlaufsdiagramm kann zur Überwachung des Sprintfortschritts und des Projektfortschritts insgesamt eingesetzt werden. Zur Überwachung des Gesamtprojekts ist das Burn-Down-Chart jedoch nur bedingt geeignet, da es kein festgelegtes Ziel gibt.

3.5.2.3 Burn-Down-Bar

Während Burn-Down-Charts bei Sprints mehr oder weniger gut funktionieren, da es festgelegte Ziele gibt, sind sie bei Gesamtprojekten problematisch, weil sich das Product Backlog ständig verändert. Erstens ist es schwierig, die Y-Achse ständig anzupassen und zweitens wird die Geschwindigkeit der Veränderung selbst dann nicht aus dem Diagramm ersichtlich. Eine mögliche Lösung besteht darin, Anpassungen unten am Diagramm vorzunehmen, indem wir Balken hinzufügen, die die Menge der verbleibenden Arbeit anzeigen.

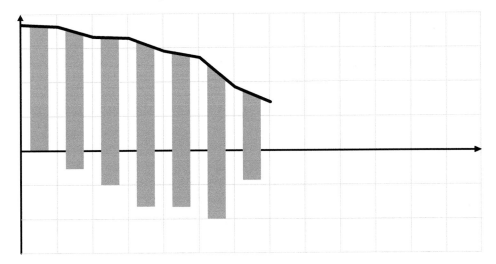

Ein solches Diagramm bezeichnet man als Burn-Down-Bar. Werden Einträge im Product Backlog ergänzt oder entfernt, bewegt sich der Balken nach oben oder nach unten. Die Fertigstellung eines Eintrags wirkt sich auf den Balken oben und den Kurvenverlauf aus.

Auch hier kann eine Trendlinie eingezeichnet werden. In diesem Fall muss sie aber entweder mit dem letzten Balken (dem letzten Zustand des Product Backlogs) oder einem komplexeren Ziel verglichen werden, das die möglichen Veränderungen am Backlog berücksichtigt.

Diese Art von Chart kann manche Probleme von Burn-Down-Charts beheben, ist jedoch selbst mit gewissen Problemen behaftet. Die einfachste Lösung ist die Verwendung eines regulären, nach oben verlaufenden Diagramms (von der Agilen Community als Burn-Up-Chart bezeichnet).

3.5.2.4 Kumulatives Flussdiagram

Gehen wir davon aus, dass Sie ein normales, nach oben verlaufendes Diagramm zeichnen, um den Projektfortschritt Iteration um Iteration anzuzeigen. Sie können das Diagramm als Kurvendiagramm zeichnen, um den Trend zu betonen, als kumulatives Balkendiagramm, um den Beitrag der Iterationen hervorzuheben oder als ein kumulatives Flächendiagramm, um den Arbeitsfluss des Prozesses zu verdeutlichen.

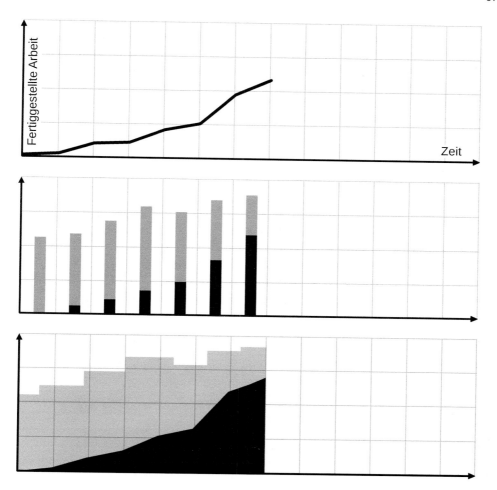

Das Flächendiagramm, bei dem der Schwerpunkt auf dem Arbeitsfluss liegt, wird auch als **kumulatives Flussdiagramm** bezeichnet. Dieses findet sich häufig bei Kanban. Es kommt hauptsächlich zum Einsatz, wenn Messungen nicht auf „To Do" oder „Done" begrenzt sind, wie im Beispiel oben, sondern auch verschiedene Arbeitsschritte überwachen, wie Design, Programmierung und Test. Ein solches Diagramm kann auch potenzielle Engpässe aufzeigen.

3.5.3 Niko-Niko-Kalender

Eine andere Art von Information Radiator, die manche nutzen, ist ein Niko-Niko-Kalender, der die Motivation der Teammitglieder abbildet. Dabei wählt jedes Teammitglied am Ende eines jeden Arbeitstags ein Emoticon, um seine Stimmung zum Ausdruck zu bringen.

	1	2	3	4	5	6	7	8	9	10	11
Sara	☺	☺	😐	☹	☺	☺	☺	😐	☺	☺	☺
Tom	☺	☺	☺	☹	☺	☺	😐	☺	☺	☹	☺
Jack	☺	☺	😐	☹	☹	☺	☺	☺	☺	☺	😳

Falls Sie die Rolle des Scrum Masters innehaben und realisieren, dass manche Teammitglieder zögern, ihre Stimmung zu kommunizieren, können Sie ein System einführen, das die Angaben der Teammitglieder anonym entgegennimmt und darstellt. So erhalten Sie zuverlässigere Daten. Sie können dann versuchen, die Stimmung des Teams mit den Events in Ihrem Projekt zu korrelieren, um festzustellen, ob Sie Maßnahmen zur Unterstützung des Teams ergreifen müssen oder nicht.

4. eXtreme Programming (XP)

Scrum ist Agile, aber Agile ist mehr als nur Scrum.

Mit anderen Worten, Scrum ist nicht die einzige Agile Option. Eine äußerst leistungsfähige und praktische Alternative, die anfangs am populärsten war, jetzt aber seltener eingesetzt wird, ist eXtreme Programming (XP).

In diesem Kapitel bewerten wir einige Aspekte von XP, das viele gute **Agile Praktiken** abdeckt, die auch in anderen Agilen Systemen genutzt werden können, wie z. B. in Scrum. Bitte beachten Sie jedoch, dass die Inhalte zu XP vereinfacht dargestellt sind, um dem Level dieses Buchs gerecht zu werden. XP umfasst viele weitere interessante praktische Details. Diese finden Sie in Fach- und Informationsmaterial, das sich speziell mit XP befasst.

4.1 Tagesablauf

Bei XP-Projekten gibt es einen **Tagesablauf,** der erklärt, wie ein normaler Arbeitstag in einem Entwicklungsprojekt abläuft und wie, welche Agilen Praktiken gemeinsam und integriert angewendet werden können. Sehen wir uns das genauer an.

4.1.1 Pairing (Paarbildung)

Das erste, was Sie morgens machen, ist sich mit einem oder einer anderen Entwickler:in zu einem Paar zusammenschließen! Ja, Sie haben richtig gehört, bei XP arbeiten die Entwickler:innen paarweise. Das funktioniert wie folgt: Die zwei Entwickler:innen sitzen nebeneinander vor einem Computer. Eine:r schreibt den Code, der oder die andere sieht zu und kommentiert. In regelmäßigen Abständen (etwa alle 30 Minuten) wechseln die Entwickler:innen die Plätze.

Diese XP-Praktik nennt man **Paarprogrammierung**.

Die Paarprogrammierung mag auf den ersten Blick seltsam erscheinen und gilt bei vielen Manager:innen als Verschwendung von Ressourcen. Wirtschaftlich gesehen hat sie aber durchaus ihre Berechtigung, denn sie
- erhöht die Qualität der Arbeit und vermeidet so kostspielige Nacharbeiten;
- trägt zur Erweiterung des Fachwissens der Entwickler:innen bei;
- verhilft dem Team zu einem höheren **Busfaktor**;
- sorgt für kontinuierliches Teambuilding.

Was versteht man unter dem Busfaktor?

Stellen Sie sich vor, ein:e Entwickler:in verlässt das Gebäude, wird bedauerlicherweise von einem Bus überfahren und stirbt. Legt dieses Unglück nun das gesamte Projekt lahm, weil es Aspekte gibt, die kein anderes Projektmitglied versteht, so hat das Projekt einen Busfaktor von 1. Sind für den Worst Case, d. h. um das Projekt zu blockieren, zwei Busunfälle erforderlich, so spricht man von einem Busfaktor von 2 usw. Ein niedriger Busfaktor ist also immer risikobehaftet.

Wir nutzen bei XP also die Paarprogrammierung und suchen uns daher jeden Tag zuerst einmal eine:n Partner:in. Vorzugsweise bilden wir jeden Tag neue und nicht immer die gleichen Paare.

4.1.2 Zuteilung von Aufgaben

Nachdem sich zwei Entwickler:innen zu einem Paar zusammengeschlossen haben, geht das Paar zur Projekttafel und wählt einen der Einträge (Items), der zu seinem Fachwissen passt.

Bitte beachten Sie, dass den Entwickler:innen die Arbeit nicht zugewiesen wird, sondern die Entwickler:innen sich diese holen. Ein weitverbreitetes Missverständnis bei vielen Scrum-Projekten ist, dass die Scrum Master oder Product Owner ins Team kommen und den Entwicklern und Entwicklerinnen die Arbeit zuweisen.

Aber selbst wenn ein Programmierer:innenpaar für einen Eintrag zuständig (durchführungsverantwortlich) wird, die Verantwortung (Ergebnisverantwortung) bleibt immer beim Gesamtteam. Das Gleiche gilt bei Scrum und anderen Agilen Methoden. Man spricht in diesem Fall von **Collective Code Ownership.** Mit anderen Worten, jede:r darf an jedem Teil des Codes Veränderungen vornehmen, aber kein:e Entwickler:in (oder Gruppe von Entwicklern oder Entwickler:innen) darf Besitzansprüche anmelden.

Das Paar hat also einen Eintrag vom Board ausgewählt. Was folgt nun?

4.1.3 Design (Entwurf)

Nach Auswahl des Eintrags beginnt das Paar am Whiteboard mit dem Design des Eintrags.

Eine weitere XP-Praktik lautet **Simple Design** (einfaches Design) und sorgt für folgende Eigenschaften des Codes:
* Alle Tests laufen;
* Keine Codeduplikation;
* Die Absicht der Programmierer:innen ist im gesamten Code klar zu erkennen;
* Klassen und Methoden sind auf das absolut nötige Minimum begrenzt.

Das Design wird darüber hinaus nicht zu Beginn des Projekts im Vorfeld erstellt, sondern entsteht erst, wenn die Programmierer:innen zur Entwicklung des Eintrags bereit sind.

Beginnen wir also jetzt mit der Programmierung

4.1.4 Tests schreiben

Die **testgetriebene Entwicklung**, auch als „testgesteuerte Programmierung" bekannt, ist eine weitere XP-Praktik. Dabei wird zuerst ein Test erstellt, der zu diesem Zeitpunkt natürlich noch gar nicht bestanden werden kann. Dann wird genau so viel Code programmiert wie nötig ist, um den Test zu bestehen.

Die testgetriebene Entwicklung bietet mehrere Vorteile u.a.:
* Alle konzentrieren sich auf das zu lösende Problem;
* Man hat stets eine vollständige Reihe von Tests für das gesamte System. Fügt man ein neues Feature hinzu oder nimmt eine Veränderungen an bestehenden Features vor, so kann man die Tests problemlos durchführen und sicherstellen, dass das integrierte System gut funktioniert und der bestehende Code nicht beschädigt wurde.

Eine weitere XP-Praktik ist die **kontinuierliche Integration**, bei der neuer Code fortlaufend in den alten Code integriert wird. Inwiefern die **testgetriebene Entwicklung** zur kontinuierlichen Integration beiträgt, ist relativ klar.

Die testgetriebene Entwicklung erfordert Disziplin. Anfangs arbeitet man ohne testgetriebene Entwicklung möglicherweise schneller. Auf lange Sicht jedoch, führt die testgetriebene Entwicklung zu höherer Geschwindigkeit und Qualität sowie einer Lösung, die sich leichter warten lässt.

Die folgenden Regeln sind eine Möglichkeit, die testgetriebene Entwicklung zu beschreiben:

- Schreiben Sie Produktionscode nur, um einen nicht bestandenen Unit Test zu bestehen;
- Gestalten Sie einen Unit Test nur so ausführlich wie nötig, um den Test nicht zu bestehen. Auch Kompilierungsfehler sind Fehler;
- Schreiben Sie nur so viel Produktionscode wie erforderlich ist, um den nicht bestandenen Unit Test zu bestehen.

Aus den oben angeführten Regeln lässt sich unschwer erkennen, dass es sich bei der Entwicklung von Tests und Code um eine iterative Tätigkeit handelt. Man entwickelt nicht alle Tests, die für die Funktion benötigt sind und beginnt erst dann an dem Code zu arbeiten, sondern man entwickelt einen Test plus ein wenig Code, um den Test zu bestehen, dann den nächsten Test, etwas mehr Code und so weiter.

4.1.5 Code

Sobald Sie bei der testgetriebenen Entwicklung einen Test nicht bestehen, können Sie mit der Entwicklung des Codes beginnen, bis der Test bestanden wird. Sie müssen dabei, wie bereits erwähnt, so lange iterativ vorgehen, bis alle Tests, die für das Feature erforderlich sind, geschrieben und bestanden wurden.

Bei der Programmierung sollten Sie auch an die Praktik der **Kodierungsstandards** denken. Bei XP gibt es in der Tat sehr viele Praktiken.

Die Praktik der Kodierungsstandards besagt, dass man bei der Programmierung auf einheitliche Kodierungsstandards (z. B. Namenskonventionen) achten sollte, um sicherzustellen, dass der Code einheitlich und für alle Entwickler:innen leicht verständlich ist.

Wenn Sie mit der Programmierung fertig sind und das neue Feature gut funktioniert, gehen Sie zum nächsten Schritt über.

4.1.6 Refaktorisierung

Zeit für eine weitere XP-Praktik: Die **Refaktorisierung**

Bei der Refaktorisierung wird der Code verbessert, ohne sein externes Verhalten zu verändern.

An diesem Punkt sind Sie mit der Programmierung fertig und der Code funktioniert. Sie müssen den Code jedoch noch refaktorisieren. Dabei gehen Sie den Code nochmals durch und prüfen, wo Sie ihn vereinfachen oder seine Struktur verbessern können. Erkennen Sie den Zusammenhang mit der Praktik des Simple Designs?

Wie können Sie sicher sein, dass Sie bei der Refaktorisierung nichts beschädigen? Ganz einfach: Da Sie mit der testgetriebenen Entwicklung arbeiten, verfügen Sie über einen vollständigen Satz an automatisierten Tests, die Sie nach jeder Veränderung durchführen können, um sicherzustellen, dass nichts beschädigt wurde.

Ohne Refaktorisierung würden die störenden Elemente im Code verbleiben und früher oder später Probleme verursachen. Führen Sie die Refaktorisierung dagegen sofort aus, so können Sie sich noch an alle Einzelheiten des Codes erinnern und die Refaktorisierung geht schnell und einfach. Ignorieren Sie die Refaktorisierung dagegen und werden nach ein paar Monaten gezwungen, doch zu refaktorisieren, ist die Identifizierung und Behebung der Probleme sehr viel aufwändiger. Es verhält sich ein wenig wie bei einer Schuld, die Sie irgendwann begleichen müssen. Sie können entweder sofort bezahlen oder Sie bezahlen später, müssen dann aber zusätzliche Zinsen aufbringen. (Und der Zinssatz ist in diesem Fall hoch!). Diese Schuld wird auch als **technische Schuld** bezeichnet und die Refaktorisierung ist eine Möglichkeit zur Reduzierung dieser Schuld.

4.1.7 Integration

Eine weitere XP-Praktik ist die **kontinuierliche Integration**. Man wartet nicht bis zum Ende einer Iteration oder bis sich die Zeit für das Release (Version) nähert, sondern integriert den Code unmittelbar nach der Refaktorisierung (oder sogar davor). Dies ist hilfreich, weil bei jeder Integration etwas beschädigt werden kann und die Problembehebung einfacher ist solange man sich noch aktiv mit diesem Teil des Codes beschäftigt. Außerdem macht dies die Leistung berechenbarer, da man genau weiß, wie viel Arbeit fertiggestellt ist. Diese Arbeit kann man den Kunden und den Vertretern der eigentlichen User (Benutzer:innen) zeigen und zuverlässiges Feedback einholen.

Wer als Letzte:r, den integrierten Code ergänzt und diesen dabei beschädigt, hat auch die Zuständigkeit (Durchführungsverantwortung) für die Problembehebung. Dies ergibt sich aus der Praktik des **Collective Code Ownership**.
Können Sie das Problem bis zum Ende des Arbeitstags nicht beheben, so machen Sie die Veränderungen rückgängig und fahren am nächsten Tag fort.

4.1.8 Keine Überstunden!

Früher gab es bei XP eine Praktik namens **40-Stunden-Woche**, die besagen sollte: keine Überstunden. Diese Praktik wurde später umbenannt und heute spricht man von der Praktik **Konstantes Tempo.**

Hier geht es eigentlich darum, dass Sie bestimmte Arbeitszeiten einhalten, wie z. B. von 9.00 Uhr bis 17.00 Uhr und keine Überstunden machen. Wenn Sie um 17:00 Uhr fertig sind, wunderbar. Wenn nicht, machen Sie die Veränderungen am integrierten Code rückgängig und arbeiten am nächsten Tag weiter.

Diese Praktik führt zu mehr Lebensqualität und damit letztendlich auch zu einer höheren Produktqualität.

4.1.9 Standup Meetings

Die oben genannten Aktivitäten der täglichen Routine waren sequenziell (selbst wenn die Testentwicklung und die Programmierung iterativ in einem Kreislauf durchgeführt werden). Es gibt jedoch auch nicht-sequenzielle Aktivitäten. An erster Stelle ist hier das Standup Meeting zu nennen.

Das Standup Meeting ist eine 10- bis 15-minütige Besprechung, bei der die Entwickler:innen zusammenkommen, um zu sehen, was im Projekt so vor sich geht. Um sicherzustellen, dass die Besprechung kurz ist, wird sie im Stehen durchgeführt. Die Besprechung findet außerdem täglich zur gleichen Zeit und am gleichen Ort statt. Dies sorgt für Regelmäßigkeit und vermeidet unnötigen Organisationsaufwand für die Anberaumung der Besprechung.

Bei der Besprechung erzählen die Entwickler:innen einzeln, woran sie am Vortag gearbeitet haben, woran sie am Tag der Besprechung arbeiten werden und auf welche Probleme sie gestoßen sind. Bitte beachten Sie, dass das Ziel in der Kommunikation nicht in der Lösung von Problemen besteht.

Erinnern Sie sich an den Namen des Scrum Meetings, das so ähnlich ist?

4.1.10 Nachverfolgung

Ein weiteres Element der täglichen Routine ist die Nachverfolgung, das Tracking von Leistungen. Eine:r der Entwickler:innen übernimmt die Rolle des **Trackers**. Er oder sie ist für die Leistungsmessung zuständig (durchführungsverantwortlich), dabei aber wahrscheinlich auch auf die Zusammenarbeit der anderen Entwickler:innen angewiesen.

Ein häufiger Wechsel der Teammitglieder, die die Rolle des Trackers wahrnehmen, hat sich in der Praxis bewährt.

4.1.11 Risikomanagement

Eine weitere Rolle ist die des **Doomsayers** oder des Schwarzmalers bzw. der Schwarzmalerin. Er oder sie bestärkt die anderen Teammitglieder darin, auch an die Risiken und Probleme zu denken. Danach arbeitet das gesamte Team zusammen und prüft, wie es diese Risiken und Probleme beherrschen oder bewältigen kann.

4.2 Spiking

Die tägliche Routine haben wir jetzt abgehandelt. Wenden wir uns nun also ein paar anderen Begriffen zu und beginnen mit einem, der mit der täglichen Routine eng verbunden ist: Spiking. Spiking ist bei Agile ein weit verbreiteter Begriff und bezieht sich auf jede Form von Recherche oder Prototyping, das sich bei künftigen Entwicklungen als hilfreich erweisen kann.

Bei XP ist die genaue Bedeutung von Spiking ein wenig anders. Sie erinnern sich vielleicht, dass wir bei XP auf testgetriebene Entwicklung, Kodierungsstandards, kontinuierliche Integration und ein paar andere Praktiken setzen, die für eine sehr disziplinierte Arbeitsweise sorgen. Diese Arbeitsweise eignet sich zwar hervorragend für die Entwicklung an sich, nicht aber für das Ausprobieren neuer Ideen.

Deshalb beschäftigt man sich bei XP manchmal mit Spiking anstatt die eigentliche Arbeit zu erledigen. Beim Spiking programmieren Sie einfach drauf los, ohne die Praktiken zu befolgen. Sie schreiben schnell einen Code, um eine Idee oder eine Technologie auszuprobieren. In der Regel sollten Sie diesen Code nicht behalten. Wenn Sie mit dem Ausprobieren fertig sind und wissen, was Sie wissen wollten, löschen Sie den Code und arbeiten wieder nach den festgelegten Standards und Praktiken.

4.3 Das Wesen von Einträgen (Items)

Das Wesen der zu erstellenden Arbeitseinträge (z. B. Product-Backlog-Einträge (Product Backlog Items, PBI) bei Scrum) ist von entscheidender Wichtigkeit. Verschiedene Arten von Einträgen führen zu verschiedenen Arbeitsweisen, die sich nicht alle für die Adaption eignen. Sehen Sie sich dazu einmal diese Beispiele an:
1. Die User sollten ihre Passwörter zurücksetzen können.
2. Die Systemadministratoren und Systemadministratorinnen sollten bei Bedarf in der Lage sein, den Zugriff der User zu blockieren.
3. Jeden Abend sollte automatisch ein Datenbank-Backup erstellt werden.
4. Datenbanktabellen, die Daten an leistungssensible Teile der Applikation liefern, sollten denormalisiert werden.
5. Das gesamte System sollte den Vorgaben der DSGVO entsprechen.

Können Sie die verschiedenen Arten von Einträgen identifizieren?

Bei den ersten drei Einträgen handelt es sich um nicht-technische, funktionale Features. Über diese Einträge können Sie mit Ihren nicht-technischen Kunden leicht sprechen und ihnen zeigen, wie sie funktionieren. Die letzten beiden Einträge sind technischer und mehr oder weniger nicht funktional und daher dem Kunden nur schwer zu demonstrieren.

Nicht-funktionale Features beziehen sich auf Leistung, Sicherheit, Instandhaltbarkeit, Skalierbarkeit und ähnliche Attribute. Bei ihnen geht es darum, wie funktionale Features funktionieren.

Die letzten beiden Einträge führen tendenziell zu einem sequenziellen Entwicklungsansatz wie bei prädiktiven Projekten; wir wollen aber einen adaptiven, auf Funktionen basierenden Ansatz.
Aus diesem Grund ziehen wir in der Regel Einträge wie die drei zuerst genannten vor und erledigen die andere Arbeit nebenbei, während wir an den funktionalen Merkmalen arbeiten. So kann man beispielsweise die Einhaltung der DSGVO zur Definition of Done (DoD) hinzufügen, anstatt einen separaten Eintrag dafür zu verwenden. Auf diese Weise prüft man jedes neue erstellte Feature auf seine Konformität mit der DSGVO.

Während Scrum keine Beschränkungen bezüglich der Art der Einträge im Product Backlog vorschreibt, haben Agile- und hier insbesondere XP-Anwender:innen diesbezüglich Bedenken geäußert und eine Vorgehensweise entwickelt, die wir nachfolgend bewerten werden.

4.3.1 Die zwei Regeln

Es gibt eine altmodische, XP-artige Vorgehensweise zur Zusammenstellung von Einträgen, bei der jeder Eintrag die folgenden zwei Merkmale aufweisen sollte:
• Nicht-technisch;
• Unabhängig.

Das Merkmal „nicht-technisch" ist wichtig, weil so alle Projektbeteiligten, auch die nicht-technischen Mitarbeiter:innen des Geschäfts (Business), die Einträge verstehen und die gesamte Liste der Einträge (z. B. bei Scrum das Product Backlog) nutzen können, um das gegenseitige Verständnis für das Projekt zu fördern. Außerdem ermöglicht es die Demonstration der neu entwickelten Einträge (Items).

Sie fragen sich nun möglicherweise, wie wir etwas Technisches, wie die Einrichtung von Datenbanken durchführen können, wenn wir uns auf nicht-technische Einträge beschränken. Die Antwort lautet, dass man die technischen Dinge erledigt, sobald man sie für einen nicht-technischen Eintrag braucht. Dabei macht man in der Regel nur so viel wie nötig damit der Eintrag funktioniert, nicht mehr.

Unabhängige Einträge sind deshalb wichtig, weil wir die Reihenfolge der Einträge bei Abhängigkeiten nicht frei festlegen können, sondern ständig überprüfen müssen. Um Abhängigkeiten zu vermeiden, müssen Sie möglicherweise die Einträge neu zusammenstellen oder zusammenfassen, um Abhängigkeiten zu beseitigen.

Die Beseitigung von Abhängigkeiten kann schwierig sein. Die Erfahrung hat jedoch gezeigt, dass bei ordnungsgemäßer Erstellung der Einträge sich zumindest die meisten

Abhängigkeiten beseitigen lassen. Bitte beachten Sie in diesem Zusammenhang auch, dass mit Abhängigkeiten die Abhängigkeiten gemeint sind, die die Entwicklung von Einträgen blockieren können und nicht Abhängigkeiten, die sich ganz selbstverständlich bei der Nutzung ergeben. Besteht Ihrer Meinung nach zwischen den folgenden beiden Einträgen eine Abhängigkeit?
1. Ein Feature, um einen neuen User Account im System zu erstellen;
2. Ein Feature, mit dem man sein Passwort zurücksetzen kann.

Im Rahmen der normalen Benutzung der Applikation müssen wir in der Lage sein, User Accounts zu erstellen, bevor wir die Notwendigkeit oder die Möglichkeit haben, Passwörter zurückzusetzen.

Geht es jedoch um die Entwicklung, so besteht zwischen diesen beiden Features keine echte Abhängigkeit. Schließlich können wir User Accounts jederzeit manuell zur Datenbank hinzufügen, um zu prüfen, ob das Feature für das Zurücksetzen des Passworts richtig funktioniert.

Scrum erzwingt diese Regeln für gewöhnlich nicht, sondern überlässt es den Scrum-Praktizierenden zu entscheiden, wie sie ihre Product Backlog-Einträge (Product Backlog Items, PBI) verfassen wollen.

4.3.2 INVEST

Alternativ zu den beiden vorherigen Regeln gibt es die sogenannte **INVEST**-Empfehlung, die für jeden Eintrag (Item) sechs Merkmale vorschlägt:
- **Independent (unabhängig):** Die Einträge dürfen untereinander keine Abhängigkeiten aufweisen, damit wir sie auf der Basis ihrer Wichtigkeit und ihres Werts entwickeln können und uns nicht über eventuelle Abhängigkeiten sorgen müssen.
- **Negotiable (verhandelbar):** Product Backlog-Einträge (Product Backlog Items, PBI) sind gleichzeitig auch Kommunikationswerkzeuge und sollten daher verhandelbar sein.
- **Valuable (wertvoll):** Jeder Eintrag leistet einen Wertbeitrag. Dieser bestimmt in der Regel die Reihenfolge der Entwicklung.
- **Estimateable (schätzbar):** Wir brauchen für jeden Eintrag eine einfache Schätzung der Größe; erscheint ein Eintrag nicht schätzbar, so ist er möglicherweise nicht korrekt ausgearbeitet.
- **Small (klein):** Nur die Einträge, die im Product Backlog ganz oben angeordnet sind, müssen klein sein; die anderen dürfen groß und können sogar unklar sein.
- **Testable (testbar):** Erscheint es unmöglich, einen Eintrag zu demonstrieren oder zu testen, dann ist der Eintrag nicht korrekt ausgearbeitet.

Scrum erzwingt keine dieser Regeln.

4.3.3 User Stories

Aufgrund der oben angesprochenen Punkte verwendeten XP-Anwender keine Einträge in Form einer technischen Spezifikation, sondern beschränkten sich auf Einträge, die eine **Story** kommunizieren:

> Einige User nutzen beim Anlegen ihrer Accounts ihre berufliche E-Mail-Adresse. Wechseln sie das Unternehmen, müssen sie ihren User Account auf ihre private E-Mail-Adresse umstellen. Wir müssen dies ermöglichen und eine ordnungsgemäße Autorisierung sicherstellen, bevor Änderungen vorgenommen werden.

Dabei gibt es sowohl lange Stories, wie oben dargestellt, als auch richtig kurze Stories, wie die folgende:

> Die User sollten ihre Passwörter zurücksetzen können.

Gemeinsam haben alle Stories nur, dass sie in Form einer Story, einer Geschichte, geschrieben sind. Sie sind nicht technisch, sondern beschreiben eine Funktion. Sie geben nicht alle Details vor, sondern dienen als Auslöser für Unterhaltungen und Erkundungen.

Diese freie Form von Geschichten hat sich nach und nach zu einem Muster weiterentwickelt, das wir heute als User Story bezeichnen.

> Als {Rolle} möchte ich {etwas tun}, [um {Zweck}].

Das dritte Element ist optional, weil der Zweck einiger Stories einfach zu offensichtlich ist. Zum Beispiel:

> Als User möchte ich mein Passwort zurücksetzen können.

Ist der Zweck jedoch nicht offensichtlich, dann erweist es sich als hilfreich, ihn zu nennen, um Missverständnisse auszuschließen.

> Als Shop Manager möchte ich eine Auswertung der „verlassenen Warenkörbe" (Kaufabbrüche), damit ich die Gründe auswerten und Möglichkeiten zur Umsatzsteigerung ermitteln kann.

Oder...

> Als Systemadministrator möchte ich einen User blockieren, um verdächtige oder schädliche Aktivitäten zu verhindern.

Einige Aussagen entsprechen möglicherweise dem Muster von User Stories obwohl sich keine richtige Geschichte dahinter verbirgt. Dies ist nicht erwünscht. Zum Beispiel:

```
Als Admin möchte ich eine SQL-Datenbank für die Applikation.
(Falsch!)
```

Das letzte Beispiel ist ungeeignet, weil es keine Funktion erfüllt und eine technische Entscheidung in das Format einer User Story zwängt.

Heutzutage gehen die meisten Agile-Anwender:innen davon aus, dass jeder Eintrag (z. B. bei Scrum jedes PBI) eine User Story sein muss und nutzen den Begriff „User Story" sogar für Arbeitseinträge (auch dann, wenn es sich dabei gar nicht um echte User Stories handelt). In der Regel ist es ratsam, sich entweder auf die ursprüngliche Art von User Story im freien Stil oder die modernen Muster der User Stories zu beschränken.

4.4 Schätzung

Für die Schätzung der Größe von Einträgen (Items) gibt es zwei wichtige Gründe:
1. Eine Prognose, wie viele Einträge mit hoher Priorität das Team für seine Iteration auswählen kann, ist hilfreich.
2. Ebenso hilfreich ist es, wenn das Team eine Prognose bezüglich des Fertig-stellungstermins von Releases (Versionen) und damit des Gesamtprojekts abgeben kann.

Diese Schätzung ist allerdings nicht einfach und mit vielen Fallstricken behaftet. Die Agile Community im Allgemeinen und die XP-Anwender im Besonderen haben deshalb nach und nach Methoden entwickelt, um diese Risiken zu reduzieren. Diese Methoden sehen wir uns im nächsten Abschnitt näher an.

4.4.1 Angaben in Idealzeit
Die Schätzung der Dauer ist riskant, weil wir nie ganz sicher sein können, wann etwas möglicherweise fertig ist. Dies gilt insbesondere für adaptive Systeme, bei denen die Einzelheiten der Einträge vor Beginn der Entwicklung noch nicht völlig klar sind. Daher setzten XP-Anwender nach und nach abstraktere Messarten ein, die bei den Kunden und anderen Interessensgruppen keine unrealistischen Erwartungen wecken.

Die erste Lösung bestand darin, die Einträge nicht mehr in der tatsächlichen Zeit, sondern in Idealzeit zu schätzen.

```
Dieser Eintrag dauert 3 Idealtage.
```

Die Schätzung oben bedeutet, dass wir die Arbeit im Idealfall in drei Tagen fertigstellen können, das heißt, wenn wir in guter Stimmung sind, überhaupt nicht abgelenkt werden, keine Besprechungen oder Unterhaltungen geplant sind, keine dringende kleine Angelegenheit dazwischenkommt usw. Dieser Idealzustand ist allerdings unerreichbar, sodass die tatsächliche Bearbeitungsdauer immer länger ist als die ideale Dauer.

4.4.1.1 Verhältnis zur Zeit

Gehen wir einmal davon aus, dass das Team die folgenden Einträge (Items) in Idealtagen geschätzt und dann nach und nach fertiggestellt hat und wir die Bearbeitungsdauer kennen.

```
Eintrag #1    2    Idealtage    3    Tage
Eintrag #2    1    Idealtag     1    Tag
Eintrag #3    4    Idealtage    5    Tage
Eintrag #4    3    Idealtage    5    Tage
Eintrag #5    2    Idealtage    3    Tage
```

Das Team hat einen anderen Eintrag auf 6 Idealtage geschätzt. Wie lange denken Sie braucht das Team, um den Eintrag fertigzustellen?

Die Annahme, dass die Effizienz des Teams unverändert bleibt, ist realistisch. Bislang hat das Team die Arbeit für 12 Idealtage in 17 Tagen erledigt. Die Teameffizienz pro Arbeitstag liegt damit ungefähr bei 70% (12:17). Damit wissen wir, dass die **Geschwindigkeit** des Teams bei 0.7 Idealtagen pro Arbeitstag liegt; mit anderen Worten kann man sagen, dass bei Iterationen mit einer Länge von 22 Arbeitstagen die Geschwindigkeit des Teams ungefähr 15 Idealtage pro Iteration beträgt (0,7 x 22).

Wie lange würde das Team folglich benötigen, um einen Eintrag mit einer geschätzten Dauer von 6 Idealtagen zu entwickeln. Richtig, das Team benötigt wahrscheinlich etwas über 8 Arbeitstage (6 : 0.7).

4.4.1.2 Selbstkorrektur

Gäbe es eine feste Umrechnung von Idealtagen in Tage (wie zum Beispiel die Celsius- und Fahrenheit-Skalen), dann gäbe es verschiedene Skalen für ein und dieselbe Sache und die Nutzung von Idealtagen anstelle von Arbeitstagen wäre hinfällig. Dies ist jedoch nicht der Fall. Gehen wir einmal davon aus, das Team hätte weitergearbeitet und die neuesten Ergebnisse sähen wie folgt aus:

```
Eintrag #1    2    Idealtage    3    Tage
Eintrag #2    1    Idealtag     1    Tag
Eintrag #3    4    Idealtage    5    Tage
Eintrag #4    3    Idealtage    5    Tage
```

```
Eintrag #5    2   Idealtage   3   Tage
Eintrag #6    1   Idealtage   2   Tage
Eintrag #7    4   Idealtage   2   Tage
Eintrag #8    3   Idealtage   2   Tage    (ja, das ist möglich!)
Eintrag #9    6   Idealtage   7   Tage
Eintrag #10   4   Idealtage   5   Tage
```

Jetzt ist unsere Effizienz auf ~85% gestiegen, d. h. die Geschwindigkeit liegt bei ungefähr 0,85 Idealtagen pro Arbeitstag. Dieser Fall könnte eintreten, weil wir beispielsweise die Interaktion mit dem Kunden verbessert haben.

In diesem Fall würde der gleiche Eintrag, den wir auf 6 Idealtage geschätzt haben und der in der Realität 8 Arbeitstage dauern würde, nur noch ungefähr 7 Tage (6 : 0,85) in Anspruch nehmen, weil wir jetzt effizienter sind. Mit anderen Worten die Schätzung in Idealtagen ermöglicht es uns, Einträge nur einmal, unabhängig von unserer Effizienz, zu schätzen. Die reale Zeit, die wir für einen Idealtag benötigen, wird dann ausgehend von unserer letzten Geschwindigkeit automatisch angepasst. Man könnte also sagen, dass es sich bei der Idealzeit um eine Einheit handelt, die sich **selbst korrigiert**.

Im Gegensatz zu den Celsius- und Fahrenheit-Skalen, die genau dasselbe (nämlich die Temperatur) messen, stehen Idealtage und reale Tage für unterschiedliche Dinge; bei Idealtagen geht es um den Umfang eines Eintrags und den Aufwand, der für die Fertigstellung des Eintrags erforderlich ist, nicht um die Zeitdauer. Ein Idealtag ist daher, trotz der möglicherweise irreführenden Bezeichnung, eine aufwandsbasierte Einheit, keine Zeiteinheit.

4.4.2 Story Points
Idealtage erwiesen sich aus zwei Gründen als gute Lösung:
1. Sie konnten durch Vermeidung einer Zeiteinheit unrealistische Erwartungen verhindern.
2. Sie waren selbstkorrigierend und vereinfachten so die Schätzung.

Die Bezeichnung „Idealtage" impliziert jedoch, die Einheit habe etwas mit der Zeit zu tun und der Begriff „Effizienzmessung" könnte nahelegen, das Team sei nicht so effizient wie es sein sollte. Die XP-Teams begannen daher, die Bezeichnung „Idealtage" durch abstrakte Bezeichnungen, wie z. B. **Gummibärchen,** zu ersetzen. Sie sagten also: „Dieser Eintrag entspricht 4 Gummibärchen". Auf die Nachfrage, was das bedeutet, antworteten sie, es handele sich um eine relative Maßeinheit, deren Relation mit der Zeit sich nach der aktuellen **Geschwindigkeit** des Teams richte.

Die abstrakten Bezeichnungen wie Gummibärchen wurden nach und nach durch die neutralere, allgemeinere Bezeichnung **Points** verdrängt. Da es sich bei Einträgen in der Regel um Stories handelt, wurden die Einheiten als **Story Points** bekannt.

Story Points waren anfangs gleichbedeutend mit Idealtagen. Die abstrakte Bezeichnung verhalf den Teams zu einer abstrakteren Definition völlig losgelöst von der Zeit (auch der Idealzeit). So entwickelten sich die Story Points zu einer völlig abstrakten relativen Maßeinheit für den Umfang von Einträgen (Items) bzw. für den Aufwand, der für die Entwicklung der Einträge erforderlich ist.

4.4.2.1 Schätzung in Story Points

Um die Story Points abstrakt und relativ zu halten, geht man bei der modernen Schätzung wie folgt vor: man legt eine einfache, verständliche Story als Definition für einen Story Point fest. Wann immer man nun eine neue Story schätzen möchte, vergleicht man sie mit der Referenz und weist ihr einen Referenzwert zu. Bei einer Zielstory mit einem um das 10-fache größeren Umfang als die Referenzstory wären dies 10 Story Points.

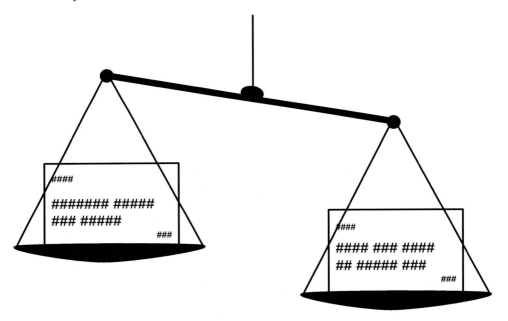

4.4.2.2 Relation mit der Zeit

Das Team hat eine bestimmte Geschwindigkeit, mit der wir die Story Points jederzeit in einen Zeitwert umrechnen können. Nehmen wir zum Beispiel die folgende kumulative Leistung des Teams:

Eintrag #1	8	Story	Points	2	Tage
Eintrag #2	5	Story	Points	1	Tag
Eintrag #3	22	Story	Points	5	Tage
Eintrag #4	14	Story	Points	4	Tage
Eintrag #5	8	Story	Points	3	Tage

Ausgehend von diesen Werten stellt das Team in 15 Tagen 57 Story Points fertig. Mit anderen Worten unsere Geschwindigkeit beträgt ungefähr 3,8 Story Points pro Tag (57:15).

Wird nun ein Eintrag zu diesem Zeitpunkt auf 42 Story Points geschätzt, so gehen wir davon aus, dass die Fertigstellung ungefähr 11 Tage dauern wird (42 : 3,8).

4.4.2.3 Selbstkorrektur

Wie die Idealzeit verändert sich auch unsere Geschwindigkeit kontinuierlich, so dass sich auch die Umrechnung der Story Points in Zeit verändern kann. Nach einer gewissen Zeit sieht unsere Leistung möglicherweise wie folgt aus:

```
Eintrag #1     8 Story Points    2    Tage
Eintrag #2     5 Story Points    1    Tag
Eintrag #3    22 Story Points    5    Tage
Eintrag #4    14 Story Points    4    Tage
Eintrag #5     8 Story Points    3    Tage

Eintrag #6     1 Story Points   0,5   Tage
Eintrag #7     5 Story Points    1    Tag
Eintrag #8    32 Story Points    5    Tage
Eintrag #9    18 Story Points    3    Tage
Eintrag #10   12 Story Points   1,5   Tage
```

Zu diesem Zeitpunkt haben wir in 26 Tagen 125 Story Points fertiggestellt. Mit anderen Worten unsere Geschwindigkeit beträgt jetzt ungefähr 4,8 Story Points pro Tag (125 : 26).

Mit dieser neuen Leistung würde der gleiche Eintrag, der 42 Story Points umfasst und bislang ungefähr 11 Tage gedauert hat, jetzt in ungefähr 9 Tagen fertiggestellt werden (42 : 4,8), weil wir unsere Geschwindigkeit gesteigert haben.

4.4.3 T-Shirt-Größen

Einige Teams, die noch nicht lange mit Agile arbeiten, fühlen sich bei dem Gedanken mit einer abstrakten, relativen, aufwandsbasierten Maßeinheit zu arbeiten nicht wohl. Wären Sie gezwungen eine solche Maßeinheit zu nutzen, würden manche Mitglieder die Zeit, die zur Fertigstellung benötigt wird, berechnen und diese dann wieder in Story Points umrechnen. Das ist nicht korrekt.

Um dieses Problem zu vermeiden, können diese Teams anfangs in T-Shirt-Größen anstatt in Zahlen schätzen (XXS, XS, S, M, L, XL, XXL). Bei den T-Shirt-Größen handelt es sich ebenfalls um eine relative, aufwandsbasierte Maßeinheit, aber es ist unwahrscheinlicher, dass man bei der Schätzung an Zeit denkt.

Die geringe Granularität der T-Shirt-Größen mag unzureichend erscheinen. Tatsächlich aber ist diese grobe Schätzung für die meisten Zwecke ausreichend und funktioniert gut.

4.4.4 Velocity (Geschwindigkeit)

Wir haben gesehen, was Geschwindigkeit bedeutet und wie sie im Projekt eingesetzt wird. Geschwindigkeit wird primär eingesetzt, um
1. zu schätzen, wie viele Einträge das Team in einer Iteration bearbeiten kann.
2. den Fertigstellungstermin des Projekts oder der Releases (Versionen) zu schätzen.

4.4.4.1   Die Planung von Iterationen

Geschwindigkeit ist also die durchschnittliche Menge an Arbeit (in Idealzeit, Story Points oder einer anderen Maßeinheit), die in einer bestimmten Zeiteinheit erledigt wird. Als Zeiteinheit kann alles Mögliche verwendet werden, wie z. B. Tage oder Iterationen. Am häufigsten wird die Geschwindigkeit für Iterationen berechnet. In diesem Fall sagt man beispielsweise: „Unsere Geschwindigkeit beträgt aktuell 650 Story Points pro Iteration."

Liegt Ihre Geschwindigkeit bei 650 Story Points pro Iteration, so werden Sie, wenn es Zeit ist, eine neue Iteration zu planen, wahrscheinlich eine Reihe von Einträgen auswählen, die ungefähr 650 Story Points entsprechen. Denken Sie unabhängig davon daran, dass die Entwickler:innen entscheiden, wie viele Einträge sie auswählen wollen; selbst wenn die Geschwindigkeit des Teams bei 650 Story Points pro Iteration liegt, können sie Einträge im Wert von 400 oder aber auch 900 Story Points auswählen.

Eine Bezeichnung wie „Idealtage" kann für „ideale Teamtage", „ideale Personentage" oder, falls Sie die Paarprogrammierung nutzen, „ideale Paartage" stehen. Ohne nähere Spezifizierung steht Idealtage in der Regel für ideale Personentage. Neben Idealtagen können wir auch Idealstunden und ähnliche Maßeinheiten verwenden.

Eine neue Iteration wird geplant: Gehen wir davon aus, dass eine Iteration 22 Tage und das Team 10 Entwickler:innen umfasst. Damit beträgt die Kapazität für die Iteration 220 Personentage. Liegt die Effizienz des Teams nun bei 85%, so entsprechen 220 Personentage 190 idealen Personentagen (220 x 0.85). Das Team wird daher bei Beginn einer neuen Iteration wahrscheinlich eine Anzahl von Einträgen wählen, die ungefähr 190 idealen Personentagen entspricht.

Eine Möglichkeit besteht darin, die bevorstehende Iteration auf der Basis der Geschwindigkeit insgesamt oder der Geschwindigkeiten der letzten paar Iterationen zu planen. Die andere Option ist, einfach ein paar Einträge auszuwählen, die ungefähr dem entsprechen, was in der letzten Iteration fertig gestellt wurde. Die zweite Methode trägt die Bezeichnung **„Das Wetter von gestern"**. Dieser Name geht zurück auf eine relativ alte Geschichte über eine teure Applikation zur Wettervorhersage.

Die Applikation wurde entwickelt und wies eine Prognosegenauigkeit von 70% auf. Schon bald nach Einführung der Applikation stellte man fest, dass man die gleiche Genauigkeit von 70% auch erzielte, wenn man einfach jeden Tag prognostizierte, dass das Wetter so bleiben würde wie am Vortag.

Bitte denken Sie daran, dass bei allen Projekten und bei Agilen Projekten ganz besonders, das Ziel nicht darin besteht, möglichst genaue Werte zu erhalten, sondern das für den jeweiligen Zweck geeignete Maß an Genauigkeit zu erreichen. Dies entspricht auch dem fünften Grundsatz im Leitfaden Nearly Universal Principles of Projects: https://nupp.guide

4.4.4.2 Schätzung des Fertigstellungstermins

Gehen wir nun einmal davon aus, dass im Backlog 150 Einträge mit einem Gesamtumfang von 820 Story Points verbleiben. Beträgt unsere aktuelle Geschwindigkeit 90 Story Points pro Iteration, so können wir vorhersagen, dass das Projekt in ungefähr 9 Iterationen fertiggestellt wird (820 : 90). Dies gilt jedoch nur, wenn eine wichtige Voraussetzung zutrifft: Das Projekt wird nur dann in ungefähr 9 Iterationen fertig sein, wenn keine neuen Einträge dem Backlog hinzugefügt und keine bestehenden Einträge aus dem Backlog entfernt werden. Ist diese Voraussetzung gegeben? In der Regel nicht. Aber der oder die Verantwortliche für das Backlog (bei Scrum zum Beispiel der Product Owner) weiß in der Regel nicht, wie viele Veränderungen sich ergeben werden. Er oder sie nutzt daher die prognostizierten 9 Iterationen als Orientierung und nimmt dann auf der Grundlage von weiteren Informationen Anpassungen vor, um eine vernünftige Prognose abgeben zu können.

4.4.4.3 Leistungsmessung

Ein weit verbreitetes Missverständnis bei Agilen Projekten besteht darin, die Geschwindigkeit als Maß für die Teamleistung zu sehen. Dies ist jedoch nicht richtig, denn bei der Geschwindigkeit geht es lediglich um Schnelligkeit. Unser Ziel ist aber nicht, so viel wie möglich zu entwickeln, sondern den Wert zu maximieren und die Projektziele zu erreichen. Falsche Messungen führen das Team in die Irre und lenken es von dem eigentlichen Ziel ab. Die Geschwindigkeit sollte nie zur Messung der Teamleistung überwacht werden.

4.4.4.4 Geschwindigkeiten vergleichen

Ein weiteres Missverständnis im Bereich der Geschwindigkeit besteht darin, die Geschwindigkeit eines Teams mit der eines anderen Teams zu vergleichen. Dies ist erstens nicht richtig, weil wir Leistung nicht vergleichen müssen – schließlich wollen wir weder einem einzelnen Teammitglied noch einem Team unzureichende Leistung vorwerfen. Wir wollen motivieren, damit alle ihr Bestes geben. Zweitens richtet sich die Geschwindigkeit der Teams (falls diese an verschiedenen Projekten arbeiten) nach der jeweiligen Festlegung der Story Points, der Anzahl an Teammitgliedern, der Art von Einträgen, an denen die Teams arbeiten und vielen weiteren Faktoren. Die

Geschwindigkeit eines Teams lässt sich daher nicht mit der Geschwindigkeit eines anderen Teams vergleichen.

4.4.4.5 Nicht fertiggestellte Arbeit versus Geschwindigkeit

Gehen wir für die erste Iteration von folgendem Ergebnis aus:

```
Eintrag #67     10    Story Points    100%    Done (fertig)
Eintrag #143    5     Story Points    100%    Done (fertig)
Eintrag #81     22    Story Points    100%    Done (fertig)
Eintrag #209    8     Story Points    100%    Done (fertig)
Eintrag #44     10    Story Points     90%    Done (fertig)
Eintrag #5      4     Story Points     50%    Done (fertig)
Eintrag #99     12    Story Points      0%    Done (fertig)
```

Wie lautet unsere Geschwindigkeit am Ende dieser Iteration?

Zuerst einmal müssen wir die Liste korrigieren. Wir messen nicht zu welchem Prozentsatz ein Eintrag fertiggestellt ist. Bei uns gibt es nur fertig und nicht fertig.

```
Eintrag #67     10    Story Points    Done (fertig)
Eintrag #143    5     Story Points    Done (fertig)
Eintrag #81     22    Story Points    Done (fertig)
Eintrag #209    8     Story Points    Done (fertig)
Eintrag #44     10    Story Points    ----
Eintrag #5      4     Story Points    ----
Eintrag #99     12    Story Points    ----
```

Bei der Berechnung der Geschwindigkeit werden nur die fertigen Einträge berücksichtigt. Das Ergebnis in einer Iteration und somit unsere Geschwindigkeit pro Iteration beträgt also 45 Story Points (10+5+22+8). Nehmen wir nun einmal an, wir setzen das Projekt fort und am Ende der zweiten Iteration sieht unser Ergebnis wie folgt aus:

```
Iteration #1
  Eintrag #67     10    Story Points    Done (fertig)
  Eintrag #143    5     Story Points    Done (fertig)
  Eintrag #81     22    Story Points    Done (fertig)
  Eintrag #209    8     Story Points    Done (fertig)
  Eintrag #44     10    Story Points    ----
  Eintrag #5      4     Story Points    ----
  Eintrag #99     12    Story Points    ----
```

```
Iteration #2
   Eintrag #44      8    Story Points     Done (fertig)
   Eintrag #99     12    Story Points     Done (fertig)
   Eintrag #163    14    Story Points     Done (fertig)
   Eintrag #164     2    Story Points     Done (fertig)
   Eintrag #166     5    Story Points     Done (fertig)
   Eintrag #220     9    Story Points     ----
```

Die Einträge #44, #5 und #99 wurden wieder in die Hauptliste (z. B. bei Scrum das Product Backlog) eingestellt und in eine neue Reihenfolge gebracht. Der Eintrag #5 stand nicht mehr oben auf der Liste und wurde in der zweiten Iteration daher nicht bearbeitet. Der Eintrag #4 wurde neu geschätzt und sein neuer Umfang ist jetzt 8 anstelle von 10 Story Points.

Geht man von diesen Werten aus, so beträgt unser Gesamtergebnis der in zwei Iterationen fertiggestellten Einträge 86 Story Points ((10+5+22+8)+(8+12+14+2+5)), d.h. unsere Geschwindigkeit liegt bei 43 Story Points pro Iteration.

Sehen wir uns nun einmal das folgende Szenario an: Ein Eintrag umfasst 10 Story Points und wurde in einer Iteration halb fertig gemacht. Der Eintrag ging zurück in die Hauptliste und wurde neu auf 6 Story Points geschätzt. In der nächsten Iteration wird er fertiggestellt. Bei der oben erklärten Rechenmethode gehen die 4 Story Points, an denen Sie in der ersten Iteration gearbeitet haben, verloren und sind in unserer Geschwindigkeit nicht enthalten. Dies wird akzeptiert, weil so etwas in jeder Iteration vorkommen kann und sich über das gesamte Projekt gesehen ausgleicht.

4.4.4.6 Abweichungen in der Geschwindigkeit
Gehen wir einmal von folgendem kumulativen Ergebnis für mehrere Iterationen aus:

```
Iteration #1    45   Story Points
Iteration #2    41   Story Points
Iteration #3    49   Story Points
Iteration #4    52   Story Points
Iteration #5   178   Story Points
Iteration #6    55   Story Points
Iteration #7    58   Story Points
```

Was ist unsere Geschwindigkeit?

Wir stellen fest, dass unser Gesamtergebnis in 7 Iterationen bei 478 Story Points liegt. Mit anderen Worten unsere Geschwindigkeit beträgt 68 Story Points pro Iteration (478:7). Diese Rechnung ist richtig, aber Iteration #5 sieht seltsam aus. Der hohe

Wert in dieser Iteration kann berechtigt sein, kann sich aber auch als unberechtigt erweisen. So kann sich ein Eintrag, der auf einen hohen Wert geschätzt wurde, als sehr einfach herausstellen und wir erwarten künftig keine ähnlich übertrieben hohen Werte. In diesem Fall können Sie Iteration #5 von der Berechnung der Geschwindigkeit ausschließen. Damit erhalten Sie insgesamt 300 Story Points in 6 Iterationen, was einer Geschwindigkeit von 50 Story Points pro Iteration entspricht (300 : 6)

Im Allgemeinen sollten Sie sich nicht zu viele Gedanken wegen der Berechnung der Geschwindigkeit machen und immer daran denken, dass es sich um eine grobe Schätzung handelt, die nur zwei Zwecken dient, der ungefähren Planung und der Prognose.

4.4.4.7 Anfangsgeschwindigkeit

Wie bereits in den vorhergehenden Kapiteln besprochen, wollen wir zu Beginn des Projekts (z. B. in einem Sprint Zero) keine zusätzliche Zeit für die Vorbereitung des Projekts aufwenden. Die Vorbereitung erfolgt stattdessen nach und nach neben der normalen Entwicklungsarbeit der Iterationen. Daher und weil wir möglicherweise etwas Zeit brauchen, um zu lernen, wie wir miteinander und mit dem Kunden umgehen, ist es ganz natürlich, dass die Geschwindigkeit anfangs gering ist. Nach ein paar Iterationen stabilisiert sie sich dann in der Regel. Aufgrund unserer kontinuierlichen Verbesserung können wir in der Folge dann mit einer kleinen, aber stetigen Steigerung rechnen.

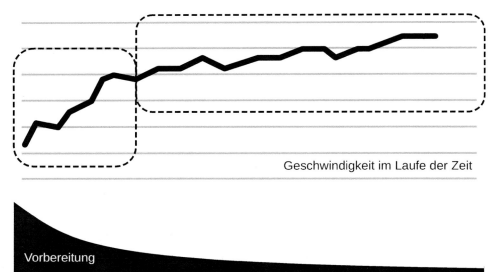

Geschwindigkeit im Laufe der Zeit

Vorbereitung

4.4.5 Planning Poker

Unabhängig davon, welche Einheit Sie zur Messung des Umfangs verwenden, die Zuständigkeit (Durchführungsverantwortung) für die Schätzung liegt immer bei den Entwicklern und Entwicklerinnen. Wie können die Entwickler:innen diese Aufgabe bewerkstelligen?

Das für das Verfassen der Einträge zuständige Teammitglied (bei Scrum beispielsweise der Product Owner) erklärt den Entwicklern und Entwicklerinnen die Einträge und bittet sie um eine Schätzung. Die Entwickler:innen diskutieren untereinander und geben dann ihre Schätzung bekannt.

4.4.5.1 Verzerrte Schätzung

Am besten ist es, wenn sich alle Entwickler:innen an der Schätzung beteiligen und die Schätzung in einer Art Abstimmung erfolgt. Eine zu stark vereinfachte Art der Abstimmung wäre, jede:n Entwickler:in einzeln nach seiner oder ihrer Meinung zu fragen. Alle Entwickler:innen geben ihre Schätzung einzeln ab und sind alle Stimmen gesammelt, bildet man einen Durchschnittswert und erhält so die Meinung des Teams.

Bei dieser Methode tritt jedoch folgendes Problem auf: Die ersten Stimmen beeinflussen die Meinung der nachfolgenden Schätzenden. Nehmen wir einmal an, es gibt insgesamt 7 Entwickler:innen und Sie sind Entwickler:in #4. Sie schätzen, dass der Eintrag einen Umfang von 3 bis 7 Story Points hat, sind sich aber noch nicht ganz sicher.

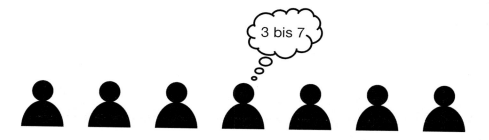

Während Sie noch nachdenken, beginnen die anderen Entwickler:innen von rechts ihre Stimmen abzugeben.

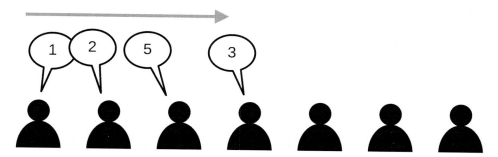

Wenn Sie an der Reihe sind, werden Sie mit relativ hoher Wahrscheinlichkeit den Umfang auf 3 Story Points schätzen. Denken sie sich jetzt das gleiche Szenario, aber dieses Mal stimmen wir von links ab.

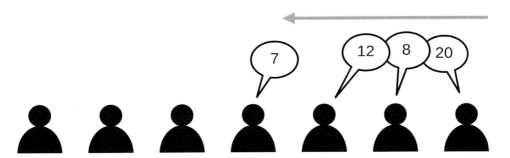

In diesem Fall besteht eine relativ hohe Wahrscheinlichkeit, dass Sie den Umfang auf 7 Story Points schätzen. Das Gleiche gilt für die meisten Teammitglieder. Dies zeigt, dass sich etwas so Willkürliches wie die Richtung der Abstimmung auf das Ergebnis auswirken kann.

4.4.5.2 Objektive Schätzung
Um dieses Problem zu lösen, sollten wir mögliche Beeinflussungen ausschließen. So kann beispielsweise jede:r Entwickler:in seine oder ihre Schätzung aufschreiben und wenn alle fertig sind, zeigt man die Werte.

Diese Art der Schätzung ist weit verbreitet. Bei Agilen Projekten gibt es eine besondere Art der Schätzung, das sogenannte **Planning Poker**. Beim Planning Poker erhalten die Entwickler:innen Karten, auf denen Zahlen stehen. Jede:r Entwickler:in wählt nun eine Karte aus und legt diese mit dem Zahlenwert nach unten vor sich hin. Sind alle bereit, werden die Karten gleichzeitig umgedreht.

4.4.5.3 Erneute Abstimmung!
Liegen alle Karten offen auf dem Tisch, sehen wir uns die Abweichungen zwischen den Schätzungen an. Sind alle Schätzungen mehr oder weniger im gleichen Bereich, berechnen wir den ungefähren Durchschnitt und sind mit der Schätzung fertig. Weichen die Schätzungen jedoch signifikant voneinander ab, so weist dies darauf hin, dass einige Entwickler:innen die Arbeit wahrscheinlich nicht richtig verstehen. In diesem Fall ist es ratsam, den Eintrag nochmals zu besprechen und dann eine erneute Schätzung durchzuführen. Denken Sie aber bitte daran, dass immer mit einer gewissen Abweichung gerechnet werden muss und es genau diese Abweichung ist, die diese Form der Schätzung effektiver macht.

4.4.5.4 Maximum oder Durchschnitt
Manche Teams verwenden, wenn alle Schätzungen vorliegen, den Maximal- und nicht den Durchschnittswert als endgültiges Ergebnis. Das ist allerdings nicht ratsam. Nimmt man den Maximalwert so ignoriert man praktisch alle Schätzungen außer dieser Schätzung und das macht den Wert weniger zuverlässig. Der Durchschnittswert ist der zuverlässigste Wert, weil er die Überlegungen aller Teammitglieder abdeckt und sich eventuelle Störungen in den Schätzungen gegenseitig aufheben. Auf den Maximalwert trifft dies nicht zu.

Der Maximalwert wird für gewöhnlich in Umgebungen genutzt, in denen gegen viele Agile Konzepte verstoßen wird und die Entwickler:innen die Verantwortung (Ergebnisverantwortung) dafür haben, alle für die Iteration geplanten Einträge auch zu liefern (was absolut falsch ist). In einer solchen Umgebung wählt man den Maximalwert, damit später kein:e Entwickler:in sagen kann, dass die Schätzung des Eintrags viel zu optimistisch war und er oder sie aus diesem Grund nicht liefern konnten.

4.4.5.5 Karten für das Planning Poker

Wenn Sie Karten für das Planning Poker nutzen, ist es ratsam, die Anzahl der Karten zu begrenzen. Schließlich wollen Sie keinen Kartensatz mit 1 bis 200 (oder so ähnlich) in der Hand halten und immer nach der Zahl suchen müssen, die Sie brauchen. Andererseits stellt sich die Frage, ob es wirklich einen Unterschied zwischen 33 und 34 Story Points gibt. Die Antwort lautet nein, überhaupt nicht.

Um den Prozess der Schätzung zu vereinfachen, enthalten die Karten nur eine begrenzte Reihe von unterschiedlichen Zahlenwerten, die bei der Schätzung Sinn machen. Ein Satz logarithmischer Werte kann sich hierfür als nützlich erweisen. Eine weitere gute Option, die sich ebenfalls für viele natürliche Phänomene eignet, ist die Fibonacci-Folge, bei der jede Zahl, der Summe der zwei vorherigen Zahlen entspricht. 0, 1, 1, 2, 3, 5, 8, 13, 21, 34, etc.

Die traditionell beim Planning Poker verwendeten Karten nutzen eine bereinigte Fibonacci-Folge, bei der einige Zahlen gerundet wurden.

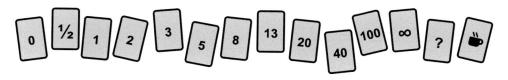

Die Sonderkarten in diesem Kartensatz haben dabei folgende Bedeutung:
- **0**: Der Eintrag ist zu einfach. Eine Schätzung lohnt sich nicht. Er ist annähernd Null.
- **½**: Es gibt keine Regel, die besagt, dass Story Points nicht auch in Bruchteilen angegeben werden können. Ist die Story kleiner als die Referenz-Story, aber nicht klein genug, um sie mit Null zu bewerten, kann man einen halben Story Point vergeben.
- **?**: Mit dieser Karte bringen Sie zum Ausdruck, dass Sie keine Ahnung haben, wie viel Arbeit ein Eintrag beinhaltet.
- **∞**: Dieser Eintrag ist so riesig, dass wir ihn in kleinere Einträge aufteilen müssen.
- **☕**: Dies bedeutet, dass Sie zu müde sind und einfach nicht mehr schätzen können!

4.4.6 Triangulation (Dreipunktschätzung)

Vergleichen wir die User Story mit der Referenz-Story und vergeben Story Points, so erwarten wir, dass die User Story und die Referenz-Story miteinander vergleichbar sind. Schätzen wir Story A beispielsweise auf fünf Story Points und Story B auf zehn Story Points, dann erwarten wir, dass Story B in etwa doppelt so aufwendig ist wie Story A.

Schätzungen sind jedoch nie perfekt und möglicherweise stellen Sie fest, dass die geschätzten Werte nicht miteinander kompatibel sind. Um dieses Problem zu beheben, können Sie zur Überprüfung tatsächliche User Stories paarweise miteinander vergleichen und entsprechende Anpassungen vornehmen.

Eine weitere Möglichkeit zur Verbesserung der Schätzungen besteht darin, für verschiedene Umfänge verschiedene Referenz-User-Stories zu nutzen und bei der Schätzung der einzelnen User Stories alle dieser Referenzen zu verwenden. Nehmen wir einmal an, Sie haben eine Referenz für 1 Story Point und eine Referenz für 10 Story Points. Wenn Sie nun die zu schätzende Story mit der ersten Referenz vergleichen und feststellen, dass der Aufwand das Fünffache beträgt (5 Story Points), sollten Sie die Story auch mit der zweiten Referenz vergleichen, um zu sehen, ob der Aufwand tatsächlich nur halb so hoch ist.

Die meisten dieser Maßnahmen zur Erhöhung der Zuverlässigkeit von Schätzungen, die einen Vergleich mit mehr als einer einzelnen User Story umfassen, bezeichnet man als **Triangulation**.

Bei einer weiteren Methode, die eine Form der Triangulation impliziert, verwendet man ein Board mit Spalten für die verschiedenen Story-Größen und bringt dann die Karten mit den User Stories in den verschiedenen Spalten an. Dabei vergleicht man die Schätzungen automatisch miteinander und nimmt Anpassungen vor. Falls Sie dem Board unbedingt einen Namen geben möchten, so nennen Sie es **Triangulation Board.**

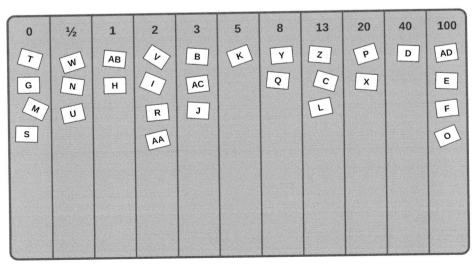

Falls Sie sich für die Triangulation (Dreipunktschätzung) entscheiden, so achten Sie darauf, dass Sie nicht zu viel Zeit verschwenden und nicht auf ein unnötig hohes Maß an Genauigkeit abzielen.

4.4.7 Affinitätsschätzung

Die Affinitätsschätzung macht es leichter, mehrere Einträge gleichzeitig zu schätzen und impliziert außerdem eine Form der Triangulation (Dreipunktschätzung).

Bei dieser Methode befinden sich die Story Points auf Karten und Sie sortieren diese entsprechend Ihrer relativen Größe. Die kleinsten befinden sich ganz links auf dem Board, die größten rechts.

Wenn Sie damit fertig sind, die Einträge zu sortieren, fassen Sie diese entsprechend ihrer Größe in Gruppen zusammen.

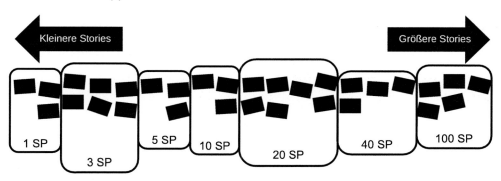

4.4.8 Neuschätzung

Schätzungen sind nicht in Stein gemeißelt. Um Missverständnisse zu korrigieren oder unser neu gewonnenes Wissen über das Projekt entsprechend zu berücksichtigen, können Neuschätzungen durchgeführt werden. Wir sollten allerdings berücksichtigen, dass sich die Auswirkung der Projektumgebung auf die Leistung so oder so in den Berechnungen der Geschwindigkeit niederschlägt und daher nicht zusätzlich in den Schätzungen berücksichtigt werden muss. Stellen wir beispielsweise fest, dass der Kunde weniger kollaborativ ist, wie erwartet, müssen wir dies nicht in den Schätzungen berücksichtigen. Die meisten Schätzungsfehler werden durch die Berechnung der Geschwindigkeit bereinigt.

Bei Schätzungen geht es nur um den Umfang oder die Größe eines Eintrags. Daher sollten Schätzungen nur geändert werden, wenn wir unsere Meinung über den Umfang von Einträgen ändern und nicht aus anderen Gründen, wie z. B. wenn wir unsere Meinung darüber ändern, wie viel Zeit für die Entwicklung des Eintrags erforderlich ist.

4.5 Feedback-Schleifen

Feedback ist bei Agile das A und O. Über das Feedback sorgen wir für die entsprechende Adaption. Es gibt verschiedene Feedback Loops, die sich in Umfang und Ergebnis unterscheiden. XP stellt dies wie folgt dar:[1]

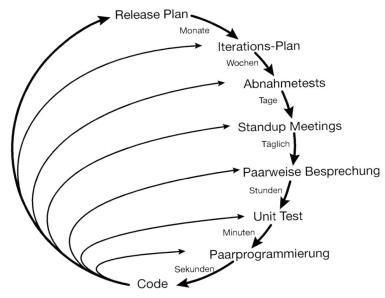

Hier sehen Sie die Feedbackschleifen, von der kürzesten bis zur längsten:

1. **Paarprogrammierung:** Bei der Paarprogrammierung erhalten Sie möglicherweise im Sekundentakt Feedback von Ihrem Partner oder Ihrer Partnerin.
2. **Unit Test:** Bei der testgetriebenen Entwicklung lassen Sie die Tests wahrscheinlich alle paar Minuten laufen, um zu sehen, ob Ihre neuesten Ergänzungen zum Code, die Tests bestehen.
3. **Paarweise Besprechung:** Mit Ihrem Partner bzw. Ihrer Partnerin besprechen Sie alle paar Stunden das Design, das Vorgehen insgesamt, das technische Vorgehen usw.
4. **Standup Meetings:** Einmal täglich treffen sich alle im Team, um zu besprechen, was im Projekt so vor sich geht und um den Projektablauf zu synchronisieren.

---

1 CC BY-SA 3.0, https://en.wikipedia.org/wiki/Extreme_programming#/media/File:Extreme_Programming. svg

5. **Abnahmetests:** Einen Tag nachdem Sie mit einem Eintrag fertig sind oder später, führen Sie den Abnahmetest durch und erhalten das erste nicht-technische externe Feedback.
6. **Iteration:** Alle paar Wochen geht eine Iteration zu Ende. Sie müssen ein Review durchführen und erhalten seriöses, nicht technisches Feedback vom Kunden und den Vertretern und Vertreterinnen der eigentlichen User (Benutzer:innen).
7. **Release (Version):** Idealerweise bringen Sie alle paar Monate ein neues Release (Version) heraus, denn so erhalten Sie das bestmögliche Feedback, das Feedback der eigentlichen User.

Um ein optimales Ergebnis zu erzielen, benötigen Sie alle der oben genannten Feedback-Schleifen. Die Praktizierenden müssen aufmerksam sein und darauf achten, dass sie aus allen (oder zumindest den meisten) Feedbackschleifen einen Vorteil ziehen.

4.6 Die Planungszwiebel

Ein Agiles Projekt kann auf verschiedenen Ebenen geplant werden. Diese lassen sich in einem zwiebelförmigen Diagramm, wie unten gezeigt, darstellen.

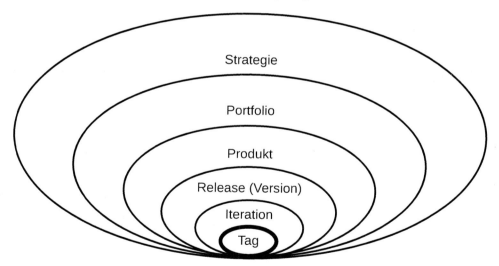

Die Ebenen der Strategie- und Portfolioplanung befinden sich außerhalb der Projekte und werden von den allgemeineren Managementsystemen der Organisation durchgeführt. Die Strategieplanung legt die Vorteile für die Organisation fest und die Portfolioebene wählt und beschafft das bestmögliche Projekt zur Optimierung dieser Vorteile.

Innerhalb des Agilen Projekts gibt es vier konzeptionelle Planungsebenen:

1. **Produktplanung:** Bei dieser handelt es sich um eine Kombination aus übergeordneter Produktvision (wie z. B. dem Produktziel bei Scrum) und einer Reihe von Stories, die für das Produkt festgelegt wurden (z. B. das Product Backlog von Scrum).

2. **Releaseplanung:** Scrum verfügt an sich nicht über ein integriertes Releasemanagementsystem, aber Scrum-Projekte können ein solches System selbst ergänzen. Andere Systeme, wie XP, Crystal und DSDM verfügen über eigene Ansätze für das Releasemanagement, die festlegen, wann und wie die Inkremente als Releases (Versionen) in die Produktivumgebung eingeführt werden.

3. **Iterationsplanung:** Bei dieser Ebene geht es um die Planung der einzelnen Iterationen, z.B. das Sprint Planning bei Scrum.

4. **Tägliche Planung:** Beim Standup Meeting (z.B. dem Daily Scrum bei Scrum) geht es um die tägliche Planung.

5. DSDM®

Gibt es bei Agile Projektleiter?

Viele werden diese Frage verneinen, weil für sie Agile und Scrum das Gleiche sind. Bei Scrum gibt es keine Projektleiter. Das gilt jedoch nur für Scrum und nicht notwendigerweise auch für die anderen Systeme. DSDM beispielswese ist eine Agile Methode, die es schon ebenso lange gibt wie XP, Crystal, und Scrum. Bei DSDM gibt es die Rolle des Projektleiters, einen umfassenden Prozess und viele Artefakte. Im Gegensatz zu Scrum, das hauptsächlich für kleine Projekte mit nur einem Team entwickelt wurde, unterstützt DSDM mehrere Teams und eignet sich standardmäßig auch für größere Projekte.

In diesem Kapitel stellen wir Ihnen einige Aspekte von DSDM vor, die Ihnen helfen, die vielen verschiedenen Möglichkeiten besser zu verstehen, die Ihnen Agile Methoden bieten.

5.1 Projektbeschränkungen

Kennen Sie das magische Dreieck im Projektmanagement?

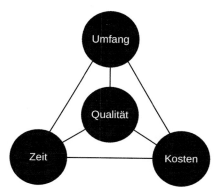

Die primären Projektbeschränkungen sind Umfang, Zeit, Kosten und Qualität. Aufgrund ihrer gegenseitigen Abhängigkeit werden sie wie in der Abbildung oben dargestellt: Verändern Sie eine dieser Beschränkungen, so müssen Sie in der Regel mindestens eine weitere Beschränkung ändern, um das Dreieck im Gleichgewicht zu halten. So muss man beispielsweise, um das Projekt früher bereitstellen zu können, entweder mehr Geld investieren, den Funktionsumfang verkleinern oder die Qualität senken (eventuell ist sogar eine Kombination dieser Maßnahmen erforderlich).

Jedes dieser vier Elemente kann festgelegt oder dynamisch sein. Um die Beschränkungen ausgleichen zu können, muss logischerweise mindestens eines der vier Elemente dynamisch sein. Bei den meisten prädiktiven Projekten ist der Umfang festgelegt. Für die anderen Beschränkungen gibt es Ziele, die jedoch dynamisch sind. Die Qualität festzulegen ist in der Regel ebenfalls wünschenswert. Nehmen Sie beispielsweise ein Bauprojekt. Was passiert, wenn Sie hinter dem Zeitplan zurückliegen. Würden Sie sagen, dass die Zeit festgelegt ist und Sie ein Projekt ohne Fenster und Versorgungseinrichtungen liefern müssen oder verlängern Sie die Zeit und stellen den vollständigen Umfang bereit. Das Wesen des Projekts schreibt einen festen Umfang vor.

Nehmen wir nun einmal an, Sie bauen einen Komplex für die olympischen Spiele. Wie beurteilen Sie die Beschränkungen in diesem Projekt? Die Zeit ist absolut festgeschrieben. Auch der Umfang ist aufgrund der Art des Projekts (zumindest teilweise) nahezu unveränderlich. Bei der Qualität möchten Sie keinen Kompromiss eingehen, weil dies dem Ruf Ihres Landes schaden würde. Welche Stellschraube bleibt Ihnen folglich? Einzig und allein die Kosten. Wenn Sie also Umfang, Qualität und Zeit festlegen möchten, sollten Sie zumindest die Kosten dynamisch verändern können.

Die DSDM-Methode behauptet nun, der traditionelle Weg, den Umfang festzuschreiben, sei nicht effektiv und führt für diese Behauptung folgende Gründe an:
- Ein festgelegter Umfang führt dazu, dass Projekte später geliefert werden. Da Softwareprodukte sehr kurzlebig sind, ist dies nicht wünschenswert. Je später sie bereitgestellt werden, desto kürzer ihr Einsatz in der Produktivumgebung und desto geringer der von ihnen generierte Wert oder Nutzen.
- Ein festgelegter Umfang führt dazu, dass das Produkt mit zu vielen unnötigen Funktionen ausgestattet wird, die nie genutzt werden, aber die Projekt- und Wartungskosten nach oben treiben.

DSDM schreibt daher Zeit, Kosten und Qualität fest und verändert den Umfang dynamisch.[2]

---

2   Frei nach einem ähnlichen Diagramm aus dem DSDM-Handbuch: https://www.agilebusiness.org/page/ ProjectFramework_03_PhilosophyFundamentals

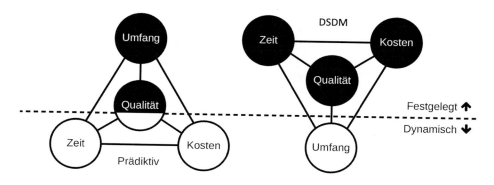

Die dynamische Veränderung des Umfangs ist bei Agilen Systemen weit verbreitet, da diese Systeme adaptiv sind. Mit anderen Worten, wir können den Gesamtumfang vorab nicht festlegen, weil wir ihn noch gar nicht kennen. Ein besonderes Merkmal, das DSDM von anderen Systemen unterscheidet, ist jedoch, dass die Gesamtprojektzeit festgeschrieben wird.

Ein typisches Scrum-Projekt dauert so lange, bis der Kunde entscheidet, dass das Produkt ausgereift und von ausreichendem Wert ist. Ein DSDM-Projekt dagegen wird exakt zum festgelegten Termin abgeschlossen, keinen Tag später (dies entspricht dem Timeboxing-Konzept). In diesem Zeitraum liefern wir so viele Funktionen wie möglich. Danach kann man, falls sich der Kunde dazu entschließt, ein neues zeitlich beschränktes (timeboxed) DSDM-Projekt starten und dem Produkt weitere Funktionen hinzufügen. DSDM zwingt Sie also nicht, die Arbeit an dem Produkt einzustellen, sondern kurz innezuhalten und den Entschluss, weiter an dem Produkt zu arbeiten als wichtige Entscheidung zu sehen.

Nehmen wir an, Sie haben einen externen Kunden und müssen die Dauer (die Timebox) des Projekts (und damit die Kosten) festlegen. Wie würden Sie vorgehen? Im nächsten Abschnitt sehen wir uns das kurz an.

5.2 Planung im Vorfeld

Ist eine Planung im Vorfeld bei Agilen Methoden überhaupt erlaubt?

Die Antwort lautet ja. Es spricht nichts gegen eine Planung im Vorfeld, solange es sich um eine übergeordnete Planung handelt, die die Anpassung nicht behindert. Was man bei Agile nicht machen sollte, ist im Vorfeld einen detaillierten Plan zu erstellen.
Es gibt zwei mögliche Herangehensweisen:
- **Ohne Planung im Vorfeld:** Wir führen das Projekt einfach durch und warten bis sich der Gesamtumfang im Laufe des Projekts abzeichnet. Dies entspricht der normalen Vorgehensweise bei Scrum.

- **Ausreichende Planung im Vorfeld:** Dies ist die Vorgehensweise bei DSDM. Wir erstellen vorab eine übergeordnete Planung und gehen bei den Details der Features dann adaptiv vor. So treffen wir beispielsweise im Vorfeld die Entscheidung, dass unsere Website eine Minimallösung für das Customer Relationship Management (CRM) braucht. Die Frage, welche Features das CRM-System bieten soll, lassen wir im Rahmen unseres adaptiven Ansatzes jedoch offen und warten ab, was sich im Laufe des Projekts abzeichnet.

Wie Sie sich sicher vorstellen können, muss man bei der Art und Weise, in der DSDM an Projektbeschränkungen herangeht, vorab eine übergeordnete Planung erstellen, um die Projektdauer und die -kosten festzulegen.

Gehen wir einmal davon aus, dass die übergeordnete Planung vorliegt; wie können wir nun Zeit und Kosten festlegen, ohne die Details zu kennen? Im Folgenden sehen wir uns das kurz an.

5.3 MoSCoW Priorisierung

Die MoSCoW®-Priorisierung ist eine hervorragende Technik für das Umfangmanagement und ein wesentlicher Bestandteil von DSDM. Nicht nur Agile Methoden, sondern auch allgemeine Projektmanagement-Methoden wie PRINCE2® bedienen sich dieser Technik.

Der Name MoSCoW setzt sich zusammen aus den Anfangsbuchstaben von Must-Have (muss haben), Should-Have (sollte haben), Could-Have (könnte haben) und Won't-Have-This-Time (wird dieses Mal nicht umgesetzt). Bei dieser Technik weisen wir entsprechend der nachfolgenden Definitionen jedem Feature eine dieser Prioritäten zu:

- **Must-Have:** Ein Must-Have-Feature muss im Endprodukt enthalten sein, da das Produkt ohne dieses Feature nutzlos wäre (z. B. Bremsen in einem Auto).
- **Should-Have:** Ein Should-Have-Feature ist für das Endprodukt sehr wichtig. Fehlt dieses Feature werden Probleme auftreten. Die Probleme lassen sich allerdings umgehen und das Produkt kann auch ohne das Feature genutzt werden (z. B. eine Klimaanlage in einem Auto).
- **Could-Have:** Ein Could-Have-Feature ist ein hilfreiches Feature, das wir gerne in unserer Lösung hätten. Sollte das Feature in unserem Produkt jedoch fehlen, so ist dies auch kein Problem (z. B. eine Rückfahrkamera in einem Auto).
- **Won't-Have-This-Time:** Ein Won't-Have-Feature ist zwar möglicherweise interessant, aber zum aktuellen Zeitpunkt werden wir nicht in dieses Feature investieren.

In einem solchen Setup gibt es folgende Möglichkeiten:

- Ein abnahmefähiges Produkt muss **mindestens** alle Must-Have-Features enthalten.
- Das Produkt, das wir **erwarten,** enthält alle Must-Have- und alle Should-Have-Features.
- Das **ideale** Produkt enthält alle Must-Have-, Should-Have- und Could-Have-Features.

Die MoSCoW-Priorisierung ist eine großartige Methode, um sich auf den Geschäftswert zu konzentrieren, d. h. die wirklichen Bedürfnisse und nicht die Extra-Features (die Could-Have-Einträge).

Kommen wir nun aber wieder auf die Frage zurück, wie wir ausgehend von unserer im Vorfeld festgelegten übergeordneten Planung die Projektdauer und -kosten festlegen, und priorisieren wir alle Features mit Hilfe der MoSCoW-Technik. Sobald wir dies getan haben, müssen wir pessimistisch schätzen, wie lange wir brauchen werden, um alle Must-Have-Features zu entwickeln und optimistisch schätzen, wie lange wir für die Entwicklung aller Features im Projekt brauchen. Damit erhalten wir die Timebox für das Projekt.

Die Regel lautet, dass höchstens 60% aller Einträge Must-Have- und mindestens 20% aller Einträge Could-Have-Einträge sein sollten. Dies dient als Orientierung zum Verständnis der Logik, die dieser Methode zugrunde liegt.

5.4 Ausnahmen

Wie würden Sie bei einem DSDM-Projekt den Fortschritt messen?

Bei den meisten Projekten dienen der prognostizierte Fertigstellungstermin und die Kostenvorhersage als wichtige Metriken. Bei DSDM sind diese jedoch festgelegt.

Wie Sie sich sicher denken können, machen wir deshalb Folgendes: Wir geben eine Prognose bezüglich der dynamischen Projektbeschränkungen ab. Bei DSDM ist dies der Umfang. Wir sagen also vorher, welche Einträge wir bis zum Projektende bereitstellen werden. Stellen wir irgendwann fest, dass wir bis zum Projektende nicht alle Must-Have-Features liefern können, sprechen wir von einer **Ausnahme**. In diesem Fall würde das Problem an eine höhere Managementebene eskaliert, um Alternativen zu prüfen und eine Entscheidung zu treffen.

Reine Scrum-Anwender:innen sind mit dem Konzept der Eskalation möglicherweise nicht vertraut. Was denken Sie, verstößt es Ihrer Meinung nach gegen die Selbstorganisation des Teams?

5.5 Selbstorganisation

Bei DSDM werden einige Entscheidungen von Führungskräften und nicht von regulären Teammitgliedern getroffen. Ein Beispiel hierfür haben wir gerade gesehen. Ein anderes Beispiel ist, dass die Einträge, die wir für die Development Timeboxes (bei DSDM werden Iterationen als Development Timeboxes) bezeichnet, lokale MoSCoW-Prioritäten haben, die zwar mit den MoSCoW-Prioritäten auf Projektebene in Beziehung stehen, sich von diesen aber unterscheiden. Treten während einer Timebox Probleme mit einem Could-Have-Feature auf, entscheiden die Teammitglieder; bei Problemen mit einem Should- oder Must-Have-Feature wird das Problem jedoch eskaliert.

Die Autorität des Teams ist also, wie Sie sehen, begrenzt. Tatsache ist, dass kein Agiles Team absolute Macht hat, sondern immer der Methode bzw. dem Framework oder anderen Beschränkungen, wie z. B. organisatorischen Regeln, unterliegt. Ein Scrum Team mag zwar selbstorganisiert sein, kann aber die Sprint-Dauer nicht verlängern, da Sprints im Scrum Framework zeitlich beschränkt (timeboxed) sind. Selbstorganisation ist also nur ein relativer Begriff dafür, dass die Befugnis des Teams ein bestimmtes Maß übersteigt. Um welches Maß es sich hierbei handelt ist nicht festgelegt.

5.6 Vertragsarten

Die meisten Kunden ziehen Verträge mit **Festpreisen** vor, weil sie diese für sicherer halten, was so nicht stimmt. Was halten Sie bei Agilen Projekten von Festpreisverträgen?

Nun, Sie haben bereits gesehen, dass bei DSDM-Projekten die Dauer und die Kosten festgelegt sind. Ein Festpreisvertrag wäre also kein Problem. Die meisten Auftraggeber erwarten jedoch eine andere Art von Festpreisvertrag als bei DSDM vorgesehen. Bei DSDM handelt es sich um einen **Festpreisvertrag** mit **dynamischem Funktionsumfang**. Was jedoch die meisten Auftraggeber erwarten, ist ein **Festpreisvertrag mit festem Funktionsumfang.**

Einige Kunden bestehen auf einem Festpreisvertrag mit festem Funktionsumfang basierend auf einem detaillierten, vorab festgelegten Umfang. Dies ist jedoch mit der Agilen Methode einfach nicht kompatibel, weil ein detailliert festgelegter Umfang keinen Raum für Adaption lässt. Dieses grundsätzliche Problem lässt sich nicht mit kleineren Überlegungen oder Anpassungen der Vorgehensweise lösen, ohne das adaptive Wesen des Projekts zu zerstören. Da jedoch viele Lieferanten mit diesem Problem konfrontiert sind, gibt es eine Reihe von Ansätzen für die Arbeit mit Festpreisverträgen mit festem Funktionsumfang. Diese Ansätze versuchen in der Regel, den Vertrag von einem Festpreisvertrag in einen aufwandbasierten Vertrag oder einen Vertrag mit fester Stückzahl zu wandeln, gleichzeitig aber die Bezeichnung Festpreisvertrag beizubehalten, damit der Kunde zufrieden ist. Dabei opfern sie jedoch möglicherweise auch ein bestimmtes Maß an Agilität. So kommt es häufig vor, dass die Einträge vorab festgelegt werden (was aber nicht mehr Agile genug ist). Bittet der Kunde dann nach einem neuen Eintrag wird er gebeten, diesen gegen einen oder mehrere andere Einträge gleicher Größe auszutauschen.

Die beste Option für die meisten Agilen Projekte sind aufwandsbasierte Verträge, bei denen der Kunde dem Auftragnehmer pro geleisteter Arbeitsstunde oder anderer Einheit einen bestimmten Betrag zahlt, wobei die Sprint-Länge und die Zahl der im Projekt involvierten Entwickler:innen festgelegt sind.

6. KanBan

Kanban ist eine Technik, die ursprünglich aus der Produktion kommt. Seit einiger Zeit wird sie auch in der IT eingesetzt, entweder zusätzlich zu Scrum oder als eigenständiges System. Das eigenständige System unterscheidet sich von allen anderen Agilen Systemen, da es keine zeitlich begrenzten (timeboxed) Iterationen gibt, sondern einen kontinuierliche Arbeitsfluss, bei dem Einträge aus einem Backlog (ähnlich dem Product Backlog bei Scrum) entnommen werden, sobald Kapazitäten frei sind. Obwohl es keine Iterationen gibt, weist Kanban doch eine iterative Entwicklung und Lieferung auf und ist bei ordnungsgemäßer Anwendung durchaus ein adaptives System.

Die nachfolgenden Merkmale zählen zu den wichtigsten von Kanban:
1. Arbeit sollte visualisiert werden.
2. Laufende Arbeit (WIP) sollte begrenzt werden.
3. Die Arbeit sollte vom Team in das System gezogen (Pull) nicht von außen in das System geschoben (Push) werden.

Sehen wir uns an, was diese drei Attribute im Einzelnen bedeuten.

6.1 Visualisierung

Visualisierung ist außerordentlich hilfreich, denn sie sorgt für
- Transparenz und verbessert dadurch Feedback und Zusammenarbeit;
- eine bessere Prozesssteuerung.

Zur Visualisierung der Arbeitsschritte und Arbeitseinträge erstellen wir ein **Kanban Board**. Die Schritte richten sich nach der Art der Arbeit und den Präferenzen des Teams. Ein mögliches Beispiel sind folgende Schritte: To Do, Design, Programmieren, Testen, Dokumentieren und Done (fertig), wie in der nächsten Abbildung gezeigt

To Do (-)	Designing (2)		Programming (3)		Testing (4)		Documenting (3)		Done (-)

Hier sehen Sie, was wir in diesem Zusammenhang unter **Visualisierung** verstehen.

6.2 Begrenzung der laufenden Arbeit (WIP)

Zu viele unfertige Arbeitseinträge sind nicht ratsam, weil diese eine Ablenkung darstellen und der Wechsel zwischen den Arbeitseinträgen viel Energie verschwendet. Am besten begrenzt man die WIP und konzentriert sich auf die Fertigstellung von Einträgen, bevor man zum nächsten Eintrag übergeht.

Die Begrenzung der WIP ist bei jeder Art von Projekt und wahrscheinlich auch allgemein bei jeder Art von Arbeit hilfreich. So ist auch das Konzept von Sprints und Sprint Backlogs bei Scrum eine Form der Begrenzung der WIP. Anstatt auf eine unbegrenzte Zahl von Einträgen im Product Backlog zuzugreifen, beschränkt man sich auf die begrenzte Zahl von Einträgen im Sprint Backlog. Das Sprint Backlog stellt jedoch keine starke Begrenzung der WIP dar und daher ist es sinnvoll, wenn die Scrum Teams ihre WIP auch über ihre Sprint Backlogs hinaus einschränken.

Bei Kanban spielt die WIP eine wesentliche Rolle. Die gesamte Kanban-Technik basiert auf der Begrenzung von WIP und dem Einsatz eines Pull-Systems. Eine Methode kann daher nur als Kanban bezeichnet werden, wenn ein WIP-Limit vorliegt. Aus diesem Grund ist es beispielsweise auch nicht korrekt, Task-Boards, wie sie zum Beispiel bei Trello genutzt werden, als „Kanban-Boards" zu bezeichnen.

Für eine bessere Visualisierung ist es ratsam, die WIP-Limits, wie in der Abbildung oben, auf dem Kanban-Board zu vermerken. In diesem Beispiel haben wir entschieden, maximal 3 Einträge gleichzeitig zu programmieren. Das richtige Limit richtet sich nach der Zahl der Entwickler:innen, die für den Prozess zur Verfügung stehen und nach der Art der Arbeit. In der Regel muss man ein wenig herumprobieren, bis man das optimale Limit findet

6.3 Pull vs. Push

Sehen Sie sich das vorherige Bild nochmals an. Abgesehen von der ersten und der letzten Spalte sind alle Spalten nochmals in zwei Unterspalten aufgeteilt: eine für die Einträge, die in dieser Spalte bearbeitet werden und die zweite für die Einträge, die in diesem Schritt fertiggestellt werden. Wichtig ist dabei, dass bei diesem Schritt die Einträge beider Spalten zur WIP gezählt werden. Der Grund hierfür ist, dass wir bei Kanban ein Pull-System haben. Dies bedeutet, wir können die fertige Arbeit nicht einfach in die nächste Spalte schieben, sondern müssen warten bis die in der nächsten Spalte tätigen Mitarbeiter:innen freie Kapazitäten haben und die Aufgaben in ihre Spalte ziehen. In der Abbildung oben sehen Sie, dass basierend auf dieser Definition die Kapazitäten in allen Spalten vollständig ausgeschöpft sind und kein:e Mitarbeiter:in einen neuen Arbeitseintrag in seine oder ihre Spalte ziehen kann.

Nehmen wir jetzt einmal an, das für die Dokumentation zuständige Team sei mit Eintrag G fertig. Dies führt zu einigen Bewegungen auf dem Board:

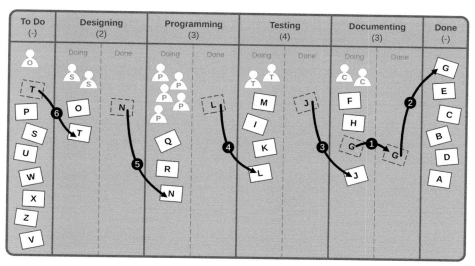

Nun passiert Folgendes:
1. G ist fertig und wandert daher in die zweite Unterspalte der Spalte *Dokumentieren*.
2. Da *Dokumentieren* der letzte Arbeitsschritt ist, wandert G automatisch in die Spalte *Done*.

3. Jetzt befinden sich in der Spalte *Dokumentieren* nur noch zwei Einträge (die Einträge F und H). Mit anderen Worten in dieser Spalte gibt es freie Kapazität für einen Eintrag. Die Mitarbeiter:innen in dieser Spalte können nun den Eintrag J, der in der Spalte *Testen* als Done (fertig) markiert ist, in ihre Spalte ziehen.

4. Ohne den Eintrag J befinden sich nun nur noch drei Einträge in der Spalte *Testen* (die Einträge M, I und K). Da das WIP-Limit der Spalte bei 4 liegt, können die Mitarbeiter:innen der Spalte den Eintrag L herüberziehen, der in der vorherigen Spalte *Programmieren* als Done markiert wurde.

5. So entsteht wiederum ein freier Platz in der Spalte *Programmieren*, die nun den Eintrag N, der in der Spalte *Design* mit Done markiert wurde, herüberzieht.

6. Jetzt haben auch die Mitarbeiter:innen der Spalte *Design* freie Kapazität und können daher einen neuen Eintrag (Eintrag T) aus der Spalte *To Do* ziehen.

Bitte beachten Sie, dass alle Einträge in der Spalte *To Do* nach einem Kriterium (z B. Wert) entsprechend unserer Umgebung geordnet sein sollten, so dass wir immer den obersten Eintrag aus dieser Spalte wählen.

Jetzt sieht das Board wie folgt aus:

Nach einer gewissen Zeit sind in allen Spalten einige Einträge fertig und werden in die rechte Unterspalte verschoben.

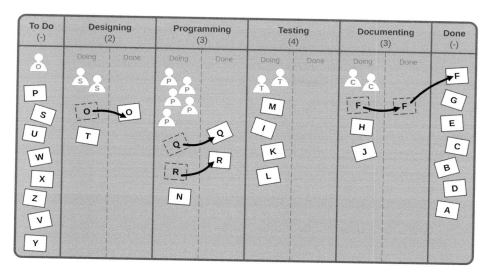

Sehen Sie sich die Abbildung oben nochmals an und prüfen Sie, welche Veränderungen wir vornehmen können. Was denken Sie? Können wir weitere Einträge verschieben? Nein. Aktuell können wir auf dem Board nichts mehr verschieben. Zwar gibt es freie Kapazität für einen Eintrag in der Spalte *Dokumentieren*; aber die vorhergehende Spalte enthält keinen Eintrag der Done (fertig) und somit bereit zum Verschieben wäre. In der Spalte *Programmieren* gibt es nur einen unfertigen Eintrag. Sie erinnern sich jedoch bestimmt daran, dass wir auch die Einträge in der rechten Unterspalte zählen müssen, so dass auch in der Spalte *Programmieren* keine freien Kapazitäten vorliegen. Das Gleiche gilt für die Spalte *Design*.

Nach einer Weile sind die Designer :innen mit dem Eintrag T fertig:

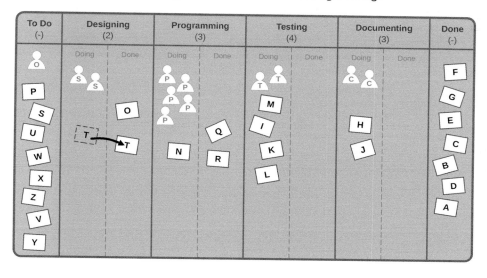

Was ist jetzt möglich? Die Designer:innen haben nichts mehr zu tun. Da es sich aber um ein Pull-System handelt, können sie ihre fertigen Einträge nicht einfach in die nächste Spalte schieben, um Platz für einen neuen Eintrag zu schaffen. In diesem Fall können die Designer:innen in eine andere Spalte wechseln und ihren Kollegen und Kolleginnen helfen. Aber in welche Spalte? Der Engpass liegt in der Spalte *Testen*:

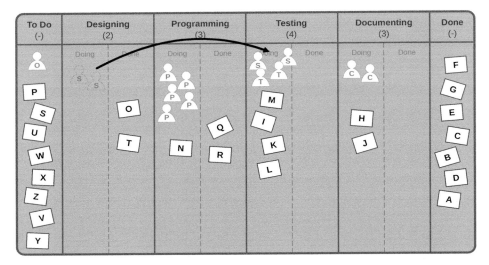

Dies gilt für alle Teammitglieder. So können beispielsweise die verbleibenden Einträge in den Spalten Programmierung und Dokumentation ebenfalls erledigt werden, bevor die Spalte Testen einen weiteren Eintrag fertigstellt.

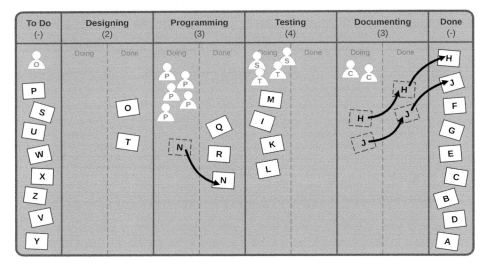

Jetzt sind die Kapazitäten aller Spalten erschöpft und die jeweiligen Entwickler:innen müssen ebenfalls in die Spalte *Testen* wandern. Selbst die Person in der To-Do-Spalte, die Sie als Product Owner betrachten können, sollte in die Spalte *Testen* wandern, da es unwichtig ist, welche Einträge (Items) sie in die Spalte zieht, da diese noch nicht entwickelt werden.

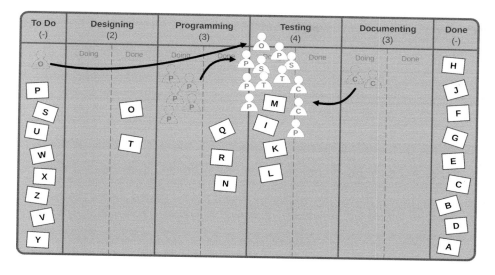

Alle arbeiten also in der Spalte *Testen* bis wir den ersten Eintrag in dieser Spalte fertig haben und der Prozess wieder einen normalen Arbeitsfluss aufweist. An diesem Punkt gehen alle zurück in ihre ursprünglichen Spalten und konzentrieren sich wieder auf ihr Fachgebiet.

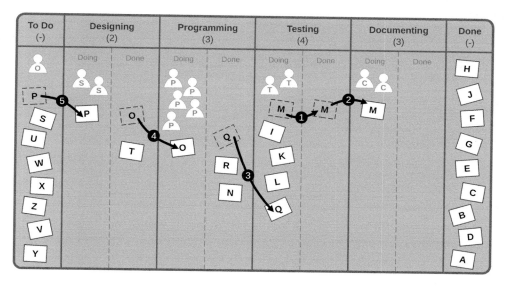

Das oben dargestellte Szenario steht für ein Pull-System mit Begrenzung der laufenden Arbeit (WIP-Limit). In einem solchen System konzentrieren sich alle Prozessbeteiligten nicht nur auf ihre Spezialgebiete, sondern auf den Arbeitsfluss der Einträge und darauf, diese fertigzustellen. Es mag seltsam erscheinen, wenn man nicht erwartet, dass ein:e Entwickler:in mit der Arbeit an einem neuen Eintrag beginnt, sondern stattdessen versucht, den anderen Teammitgliedern auf einem Gebiet zu helfen, auf dem er oder sie kein Spezialist bzw. keine Spezialistin ist. In der Praxis steigert dies jedoch die Produktivität.

Andererseits ist es so, dass die Entwickler:innen, wenn sie in ihrer Spalte nicht mehr weiterarbeiten können und in einem anderen Gebiet aushelfen müssen, mehr über den restlichen Prozess erfahren. Dies erweist sich später als hilfreich, wenn sie zu den Tätigkeiten in ihrem Fachgebiet zurückkehren.

7. Die Philosophie

Das Agile Konzept wird von den unterschiedlichen Protagonisten und Systemen unterschiedlich ausgelegt, wobei sich die Experten und Systeme jeweils auf die zu ihrer Zeit und in ihren Umgebungen häufig auftretenden Probleme konzentrieren. Nachfolgend gehen wir auf ein paar dieser Auslegungen näher ein und sehen uns das Agile Manifest an, das gemeinsame Werk der Agilen Pioniere aus dem Jahr 2001. Die einheitliche und einfache Art des Manifests mag attraktiv erscheinen, aber Vielfalt und Offenheit sind ebenfalls wichtig. Aus diesem Grund sehen wir uns in diesem Abschnitt die Ideen an, die den verschiedenen Systemen zugrunde liegen.

7.1 Die Philosophie des eXtreme Programming (XP)

eXtreme Programming (XP) war anfangs die dominierende Agile Methode. Der Hauptgrund dafür waren ihre soliden, integrierten Praktiken, die für große Praxisnähe sorgten.

Neben den integrierten Praktiken, die wir uns im Kapitel zu XP näher angesehen haben, umfasst die Vorgehensweise auch übergeordnete Ideen, wie Projekte funktionieren sollten. Diese Ideen finden sich zwar nicht ausschließlich, aber primär in zwei Dokumenten, die die Rechte von Kunden und Programmierer:innen festlegen (Bills of Rights), und einer Reihe von Werten.

7.1.1 Customer Bill of Rights

Ein erfolgreiches Projekt ist nur bei einer positiven und effektiven Beziehung zwischen Kunde und Lieferant möglich. Die Customer Bill of Rights bei XP dient als ständige Erinnerung an die Rechte, die wir den Kunden gewähren. Dieser Überblick über die Kundenrechte sorgt für eine eindeutigere Beziehung zwischen Kunde und Lieferant und gibt uns (als Lieferant) eine Strategie an die Hand, an der wir uns jederzeit orientieren können.

Was man sich bezüglich der Kunden-Lieferanten-Beziehung unbedingt merken sollte, ist, dass Kunden und Lieferanten keine Wettbewerber sind, sondern dem gleichen Team angehören und das gleiche Ziel verfolgen, nämlich ein wertvolles Produkt zu schaffen.

7.1.1.1   Gesamtplanung

> Als Kunde haben Sie das Recht auf einen Gesamtplan, damit Sie wissen, was wann zu welchem Preis fertiggestellt werden kann.

Bei Agilen Systemen wird der planorientierte, prädiktive Ansatz durch eine adaptive Vorgehensweise ersetzt. Natürlich planen wir in einem Agilen System weniger als in einem prädiktiven System. Das bedeutet aber nicht, dass wir gar keine Planung haben. Das Missverständnis, man könne, ja müsse sich von jeglicher Planung verabschieden, sobald man mit einem Agilen System arbeitet, ist in der Agilen Community weit verbreitet. XP und DSDM legen daher besonderen Wert darauf, dass eine Planung erforderlich ist. Aber welche Art von Planung? Was wir brauchen ist ein übergeordneter Gesamtplan für das Projekt.

Diese Art von Planung ist notwendig, weil Projekte nicht isoliert durchgeführt werden, sondern Teil eines größeren Portfolios sind und nur im Kontext des Geschäfts (Business) Sinn ergeben. Um sicherzustellen, dass das Projekt ausreichend mit dem Geschäft (Business) koordiniert ist, benötigen wir eine übergeordnete Planung und Kompatibilität mit dem restlichen Geschäft (Business).

7.1.1.2   Maximaler Wert

> Als Kunde haben Sie das Recht auf maximalen Wert in jeder Programmierungswoche.

Dieses Recht umfasst zwei Aspekte:
- Es zwingt uns, über die Generierung von Wert nachzudenken. Dies mag einfach klingen, aber sich auf bestimmte Arbeiten konzentrieren, damit sie Wert generieren, ist nicht das Gleiche wie sich die Generierung von Wert als Ziel zu setzen und dann zu prüfen, was zu tun ist, um dieses Ziel zu erreichen. Hier geht es um die Perspektive.
- Wir müssen nicht an irgendwelchen Features arbeiten, sondern immer an den Features, die den größten Wert generieren.

Dieses ist eines der gängigsten Konzepte bei allen Agilen Systemen.

7.1.1.3 Fortschritt

> Als Kunde haben Sie das Recht auf Fortschritt in einem laufenden System, dessen Funktionstüchtigkeit durch reproduzierbare, von Ihnen festgelegte Tests nachgewiesen wird.

Bei Agilen Systemen geht es um Adaption. Diese wiederum basiert auf Feedback bezogen auf den Teil einer funktionierenden Software und nicht auf einen abstrakten, unfertigen Code. Nur fertiger, bereiter, benutzbarer und releasefähiger Code kann zuverlässiges Feedback generieren.

Unfertiger Code kann zu Überraschungen führen und erweist sich möglicherweise als Hindernis.

7.1.1.4 Veränderung

> Als Kunde haben Sie das Recht, Ihre Meinung zu ändern, Funktionalitäten zu ersetzen und Prioritäten zu verändern, ohne mit exorbitanten Kosten rechnen zu müssen.

Hauptgrund für die Anwendung eines adaptiven Systems ist, dass wir uns bei dieser Art von Projekt nicht auf eine Vorabspezifikation des Produkts verlassen können. Wir nutzen ein System, das nicht auf einer Prognose oder einem im Vorfeld gefertigten Plan bzw. Entwurf basiert. Unsere Kunden müssen daher nicht alle Anforderungen zu Beginn festlegen und können ihre Meinung während des Projekts jederzeit ändern.

7.1.1.5 Zeitplan

> Als Kunde haben Sie das Recht auf zeitnahe Information, falls sich der Zeitplan ändert, damit Sie entscheiden können, wie Sie den Umfang reduzieren, um den ursprünglichen Termin halten zu können. Sie können das Projekt jederzeit abbrechen und haben dann ein funktionierendes und nutzbares System, das den Investitionen bis zu diesem Zeitpunkt entspricht.

Bei einem richtigen adaptiven System wird jeder Arbeitseintrag vollständig fertiggestellt, bevor wir ihn zur Seite legen und mit der Arbeit an etwas anderem beginnen. Dies bedeutet, dass alle Arten von Tests (Einzeltests, Regressionstests, Abnahmetests der User (Benutzer:innen)) für den Eintrag abgeschlossen sind. Folglich sind unsere Inkremente vollständig releasefähig. Wir können das Projekt jederzeit stoppen und haben dennoch eine funktionierende Software.

Dies ist ein großer Vorteil. Denn wenn wir uns auf den Wert konzentrieren und stets an den Einträgen arbeiten, die den größten Wert bieten, dann werden die wichtigsten Teile der Software in einem frühen Stadium des Projekts entwickelt und im Laufe der Zeit sinkt das Wertschöpfungspotenzial. Nach einer Weile erkennt der Kunde möglicherweise, dass zwar noch viele Einträge im Backlog sind, diese aber nicht mehr genügend Wert beitragen und es daher Zeit ist, das Projekt zu stoppen.

7.1.2 Programmer Bill of Rights

Kunden haben bestimmte Rechte, denn schließlich sind sie es, die für das Projekt bezahlen. Aber die Lieferanten (Programmierer:innen) haben ebenfalls Rechte und die Kunden sollten diese anerkennen, um eine effektive Umgebung zu schaffen.

XP ist vor langer Zeit entstanden als die Entwicklungsumgebung noch weniger komplex war als heute und spricht daher immer von Programmierer:innen. Inzwischen verwenden wir die Bezeichnung „Entwickler:innen", die breiter gefasst ist und Programmierer:innen ebenso wie Tester:innen, Architekten und Architektinnen, UI-Designer:innen, Analysten und Analystinnen etc. umfasst.

7.1.2.1   Prioritäten

> Als Programmierer:in haben Sie das Recht, eindeutig zu wissen, was mit welcher Priorität benötigt wird.

Zwar brauchen wir vorab keinen vollständigen Plan, aber irgendwann müssen wir dennoch wissen, welche Anforderungen es gibt und die Prioritäten dieser Anforderungen kennen, damit wir uns darauf konzentrieren und Wert generieren können. Sind auf Kundenseite mehrere Mitarbeiter:innen oder Abteilungen an der Festlegung der Erfordernisse beteiligt, so wird dies erschwert, weil diese in der Regel widersprüchliche Erwartungen haben. Es sollte ein System vorhanden sein, um dieser Schwierigkeit zu begegnen und der Kunde sollte dies auf jeden Fall unterstützen.

7.1.2.2   Qualität

> Als Programmierer:in haben Sie das Recht, stets Qualitätsarbeit zu erstellen.

Qualität gilt in den meisten Projekten als Recht des Kunden. Bei der Programmierung ist Qualität jedoch auch ein Recht der Programmierer:innen. Ein:e gute Programmierer:in weiß, dass die Erstellung qualitativ hochwertiger Software länger dauert, langfristig aber Zeit spart und Probleme vermeidet. Folglich wollen Programmierer:innen einen qualitativ hochwertigen Code entwickeln. Manchmal jedoch werden sie von anderen Interessensgruppen gezwungen, so schnell wie möglich zu liefern. Programmierer:innen haben das Recht, sich so viel Zeit wie nötig zu nehmen und alle neuen Teile der Software auf ein Qualitätsniveau zu bringen, das sie selbst zufriedenstellt, bevor sie zum nächsten Arbeitseintrag übergehen.

7.1.2.3 Hilfe

> Als Programmierer:innen haben Sie das Recht, um Hilfe zu bitten und Hilfe zu erhalten.

Gehen wir einmal davon aus, dass Sie an einem Teil der Applikation arbeiten, in den die User (Benutzer:innen) persönliche Daten eingeben und Sie sind sich nicht ganz sicher, wie dieser Teil implementiert werden muss, um DSGVO-konform zu sein. In diesem Fall sollten Sie ohne Bedenken um Hilfe bitten können.

7.1.2.4 Schätzungen

> Als Programmierer:in haben Sie das Recht, ihre eigenen Schätzungen zu erstellen und zu aktualisieren.

Wir müssen dafür sorgen, dass nicht ein Manager oder eine Managerin dem Team völlig unrealistische Schätzungen aufzwingt, sondern dass die Schätzungen von den Mitarbeitern und Mitarbeiterinnen erstellt werden, die auch die Arbeit durchführen.

7.1.2.5 Befähigung

> Als Programmierer:in haben Sie das Recht, sich Ihre Zuständigkeiten (Durchführungsverantwortungen) selbst auszuwählen und nicht zugewiesen zu bekommen.

Heute bezeichnet man dies für gewöhnlich als Selbstorganisation. Diese ist zwar für ein adaptives System nicht verpflichtend, aber die meisten der ursprünglichen Agilen Systeme wurden für kleine Teams erstellt. Teams, die zur Selbstorganisation befähigt sind, könnten sich daher als vorteilhaft erweisen.

7.1.3 Werte

XP definiert fünf zentrale Werte. Befolgt man diese Werte, ist die Annahme von XP effektiver. Diese Werte sind nicht in allen Agilen Systemen verpflichtend, aber weit verbreitet.

7.1.3.1 Kommunikation

Die Ursache für Probleme in Projekten ist häufig ein Mangel an Kommunikation. Dies ist so wichtig, dass sowohl der PMBOK® Guide (ein bekannter Projektmanagement-Standard und -Leitfaden angelehnt an prädiktive Systeme) als auch PRINCE2® (eine allgemeine Projektmanagementmethodik, die zwar mit beiden Methoden kompatibel, aber eher mit prädiktiven Systemen vergleichbar ist) bemerken, dass Projektmanager 80 bis 90% ihrer Zeit für die Kommunikation aufwenden müssen. Außerdem sehen sie viele Artefakte und Prozesse vor, um die Kommunikation zu verbessern.

Das gilt auch für Agile-Projekte: Wir müssen Kommunikation ernst nehmen. Kommunikation umfasst aber nicht nur Gespräche, sondern auch die passiven Formen der Kommunikation wie zum Beispiel Information Radiators.

7.1.3.2   Einfachheit
Bei einer größeren Zahl von Anforderungen erscheint es möglicherweise normal, diese durch Hinzufügen weiterer Features zu erfüllen. Dies führt jedoch zu einer komplizierten Lösung, deren Instandhaltung und Erweiterung schwierig sein kann. Idealerweise hält man die Software so einfach wie möglich und sucht nach kreativen Wegen, um die Anforderungen zu erfüllen.

Manchmal generiert eine Anforderung möglicherweise einen gewissen Wert für das Produkt, jedoch nicht genug, um die Komplexitäten zu rechtfertigen, die das Produkt in das System einführt. In diesem Fall führt man am besten ein Gespräch mit dem Kunden und überzeugt ihn, diese Anforderungen zu ignorieren.

7.1.3.3   Feedback
Feedback ist für adaptive Systeme von wesentlicher Bedeutung. Wir erstellen Produktinkremente und lassen die Kunden und Vertreter:innen der User damit arbeiten, um Feedback zu erzeugen. Dieses Feedback nutzen wir dann für unsere weitere Strategie und Anpassung.

Ferner haben wir gerne, wann immer möglich, Releases (Versionen), weil ein Release bedeutet, dass die Applikation von den tatsächlichen Usern genutzt wird und wir so zuverlässigeres Feedback für das System erhalten.

7.1.3.4   Mut
Natürlich haben wir immer bestimmte Befürchtungen. So kann es beispielsweise vorkommen, dass Sie eine Weile für etwas gearbeitet haben und kurz bevor Sie damit fertig sind, fällt Ihnen eine bessere Lösung ein, die auch künftig hilfreich sein könnte. In diesem Fall brauchen Sie den Mut zur Veränderung. Manchmal denken Sie vielleicht an eine neue Lösung für ein Problem, die vielsprechend, aber riskant sein kann, weil niemand sonst diese Lösung nutzt. In diesem Fall brauchen Sie den Mut, die neue Lösung angemessen zu versuchen.

7.1.3.5   Respekt
Wir arbeiten in einer stark von Zusammenarbeit geprägten Umgebung und dies funktioniert nur, wenn wir uns gegenseitig respektieren.

7.2 Die DSDM®-Philosophie

DSDM unterscheidet sich von den Agilen Systemen der ersten Generation, da es ursprünglich für größere Projekte mit mehreren Teams entwickelt wurde. Sehen wir uns die „Philosophie" (wie DSDM es nennt) und die Prinzipien einmal an, um die Sichtweise der Methode zu verstehen.

> Den besten Geschäftswert erzielt man, wenn die Projekte auf eindeutige Geschäftsziele abgestimmt sind, häufig bereitgestellt werden und motivierte Teammitglieder selbstorganisiert zusammenarbeiten.

7.2.1 Philosophie

Diese Aussage impliziert, dass die Generierung von Geschäftswert das ultimative Ziel ist und dass folgende Überlegungen maßgeblich sind:

- **Ein eindeutiges Geschäftsziel.** Wert ist ein sehr subjektiver Begriff. Was für die eine Person von Wert ist, kann für die andere Person wertlos sein. Wir wollen uns also auf die Generierung von Wert konzentrieren, aber was ist für die Kunden und die eigentlichen User (Benutzer:innen) von Wert? Die Antwort auf diese Frage liefern unser Geschäftsziel und unsere organisatorischen Strategien. Dies lässt sich wie folgt zusammenfassen: „Bevor man sich auf die Generierung von Wert konzentriert, sollte man erst festlegen, was man unter Wert versteht."

- **Häufige Lieferungen.** Bei diesem Aspekt geht es um die iterative Entwicklung und die inkrementelle Bereitstellung. Beides ist notwendig, um sicherzustellen, dass unsere Annahmen bezüglich des Werts korrekt waren oder, falls sie das nicht waren, um uns neu zu orientieren, bevor es zu spät ist.

- **Eine kollaborative Umgebung schaffen.** Zusammenarbeit gibt es in jedem Projekt. Bei Agilen Systemen verstehen wir darunter jedoch in der Regel die Zusammenarbeit zwischen dem Kunden und dem Lieferanten, die gemeinsam in einem Team arbeiten.

- **Mitarbeiter motivieren und zur selbständigen Arbeit befähigen.** Die Mitglieder des Projektteams durch das korrekte Delegieren von Aufgaben zur selbständigen Arbeit zu befähigen ist bei allen Projekten (adaptiven ebenso wie prädiktiven) notwendig und so wichtig, dass es sogar ein Prinzip in PRINCE2 ist. Zu den vielen positiven Auswirkungen zählen motiviertere Teammitglieder. Geht es jedoch darum, die Mitarbeiter zur selbstständigen Arbeit zu ermächtigen, müssen Sie bedenken, dass zwar bei einem kleinen Projekt (einem typischen XP- oder Scrum-Projekt) eine absolute Befähigung möglich ist, bei größeren Projekten, wie sie von DSDM und PRINCE2 anvisiert werden, jedoch der Befähigung Grenzen gesetzt sind.

7.2.2 Prinzipien

DSDM ist stark von einer der am besten durchdachten Projektmanagementmethoden seiner Zeit beeinflusst, PRINCE2. DSDM folgt der gleichen Struktur wie PRINCE2 hat aber einige Prinzipien eingeführt, die bei allen Tätigkeiten, die im Rahmen eines DSDM-Projekts durchgeführt werden, bedacht werden sollten.

7.2.2.1 Fokus auf die Bedürfnisse des Geschäfts (Business)

Sie fragen sich möglicherweise, was das ultimative Ziel ist: Wert zu generieren oder die Bedürfnisse des Geschäfts (Business) zufriedenzustellen? Tatsache ist jedoch, dass beides zusammenhängt. Konzentriert man sich auf den Wert, riskiert man, dass man vergisst, dass Wert subjektiv und relativ ist und vermischt das, was für den Kunden und den User Wert darstellt, mit dem, was man selbst für wertvoll erachtet. Daher sprechen strukturiertere Projektmethoden in der Regel von den Bedürfnissen des Geschäfts (Business), den Geschäftszielen und den organisatorischen Strategien, da dies die Elemente sind, die bestimmen, was in einem Projekt von Wert ist.

Scrum dagegen konzentrierte sich bislang vollständig auf Wert und war dafür verantwortlich, dass dieser für viele Menschen im Mittelpunkt der Aufmerksamkeit stand. Aber selbst die 2020-Ausgabe des Scrum Guides distanziert sich von diesem Gedanken und führt die Idee des Produktziels ein. Inzwischen spricht auch der Scrum Guide mehr über das Erreichen des Produktziels als über die Generierung von Geschäftswert.

7.2.2.2 Pünktlich liefern

Die Time-to-Market ist für viele IT-Projekte wesentlich und für den Erfolg oder Misserfolg ausschlaggebend. Maßgeblich für den Erfolg Ihrer Applikation ist jedoch ganz ohne Frage eine Kombination aus der Time-to-Market und den Features. Eine Applikation, die zuerst auf dem Markt ist, aber die User (Benutzer:innen) nicht zufriedenstellt, wird nicht erfolgreich sein. Und, was sogar noch schlimmer ist, sie wird den Markt für einen Wettbewerber vorbereiten, der für die gleiche Domäne eine zufriedenstellende Lösung bietet.

DSDM löst diese beiden Probleme. Über eine feste Projektdauer stellt DSDM sicher, dass die Projekte pünktlich abgeschlossen werden und die MoSCoW-Priorisierung sorgt dafür, dass das finale Produkt alle Must-Have-Features enthält.

7.2.2.3 Zusammenarbeit

DSDM nutzt keine Kunden-Lieferanten-Kategorisierung, sondern folgende Kategorisierung, die eine Mischung aus Vertretern und Vertreterinnen der Kunden- und der Lieferantenseite darstellt:
* technisch;
* leitend;
* geschäftsorientiert;
* prozessorientiert.

Diese vier Kategorien repräsentieren alle vier Arten von „Interesse" an dem Projekt und wie die verschiedenen Projektbeteiligten zum Projekt beitragen. Diese Projektbeteiligten müssen gemeinsam als ein Team zusammenarbeiten und das gleiche Ziel verfolgen.

7.2.2.4 Keine Kompromisse bei der Qualität

Wie bereits bei der Programmer Bill of Rights in XP angesprochen, unterscheidet man zwei Arten von Qualität: erstens die Qualität, die dem Kunden hilft, das zu erreichen was er braucht und zweitens die Qualität, die dem Lieferanten hilft, die Lösung zu pflegen und zu erweitern, ohne dabei in eine Sackgasse zu geraten. Bei der Qualität möchten wir keine Kompromisse eingehen, da das früher oder später immer zu Problemen führt.

Bezüglich der Qualität bieten adaptive Systeme den Vorteil, dass die Tests nicht gedrängt gegen Ende des Projekts stattfinden, wenn man schon unter Zeitdruck steht und eventuell bereits ein paar Abstriche machen muss. Stattdessen wird bei Agilen Projekten kontinuierlich getestet und bei diszipliniertem Vorgehen muss man bei der Qualität keine Kompromisse machen.

7.2.2.5 Inkrementelle Entwicklung auf soliden Grundlagen

Dieses Prinzip umfasst zwei Aspekte

- **Inkrementelle Entwicklung:** Alle adaptiven Systeme müssen inkrementell liefern, um zuverlässiges Feedback sicherzustellen.
- **Solide Grundlage für Inkremente:** Dieser Aspekt unterscheidet sich von anderen Agilen Systemen, wie z. B. Scrum. Bei der in dem Prinzip erwähnten soliden Grundlage handelt es sich um eine allgemeine übergeordnete Vorabplanung, die uns bei der Lenkung des Projekts hilft, während wir auf Detailebene Anpassungen vornehmen. Wie detailliert und wie umfassend diese Grundlage ist, entscheiden Sie und passen den Grad Ihrer Anpassung dann daran an.

7.2.2.6 Iterativ entwickeln

Um inkrementell liefern zu können, muss der Entwicklungsprozess iterativ sein. Mit anderen Worten, anstatt alles auf einmal zu entwerfen und dann zum nächsten Prozess überzugehen, müssen wir den Design-Prozess für die einzelnen Features wiederholen und iterativ entwickeln.

7.2.2.7 Kontinuierliche und klare Kommunikation

Jetzt sind wir wieder bei dem Anliegen, das für alle Arten von Projekten gilt: effektive Kommunikation. Von einem System erwarten wir jedoch, dass es nicht nur erklärt, wie wichtig etwas ist, sondern eine praktikable Lösung bietet, wie dies erreicht werden kann. Die Methode DSDM hat wie jede andere Methode ihren ganz eigenen Ansatz zur Verbesserung der Kommunikation.

7.2.2.8 Kontrolle nachweisen

Manche denken, Planung, Überwachung und Kontrolle seien mit Agilem Vorgehen unvereinbar. Aber das stimmt so nicht. Jedes Projekt braucht diese Elemente. Lediglich die Art und Weise, in der sie bei der Entwicklung implementiert werden, ist je nach Vorgehensweise unterschiedlich. DSDM unterstreicht, dass die Verwendung eines Agilen Ansatzes nicht bedeutet, dass Ihr Projekt nicht gelenkt werden muss.

Zuerst überwachen wir den Projektstatus und bestimmen, wo wir aktuell stehen und wo wir gegen Ende des Projekts sein wollen. Gibt es Abweichungen, kontrollieren wir diese später, indem wir Korrektur- und Vorbeugemaßnahmen entwerfen und umsetzen.

Eine entscheidende Auswirkung von ordnungsgemäßer Überwachung und Kontrolle ist, dass wir wissen, wenn das Projekt nicht mehr zu rechtfertigen ist und das Projekt dann, ohne weiter Geld dafür zu verschwenden, abbrechen können. Bitte denken Sie stets daran, dass ein Projektabbruch durchaus ein Zeichen für gutes Projektmanagement ist.

7.3 Scrum-Philosophie

Der Hintergrund und die Grundlagen von Scrum sind möglicherweise nicht so solide wie bei XP, Crystal oder DSDM. Aber auch Scrum hat sich aufgrund seiner weitverbreiteten Anwendung in den letzten Jahren weiterentwickelt. Zu den jüngeren Veränderungen zählt die Einführung von Scrum-Werten. Daneben gibt es bei Scrum drei Säulen, die mehr oder weniger wie Prinzipien sind.

7.3.1 Säulen

Scrum ruht auf folgenden Säulen:

- Transparenz;
- Überprüfung;
- Anpassung;

Diese drei Säulen befinden sich jedoch nicht auf der gleichen Ebene. Die wichtigste Säule ist die der **Anpassung**, denn ein Scrum-Projekt gilt nur als Agil, wenn es adaptiv ist. Andererseits muss man zur Anpassung den aktuellen Zustand bewerten, indem man das Produkt und seine Arbeitsweise **überprüft**. Um etwas zu überprüfen, hilft es, wenn man **transparent** ist und alle Interessensgruppen über die Arbeitsweise, den Fortschritt und das Produkt informiert, damit diese uns Input geben können.

7.3.2 Werte

Bei den neu zu Scrum hinzugefügten Werten handelt es sich um Elemente, die interne und externe Interessensgruppen berücksichtigen müssen, um effizienter zu werden.

7.3.2.1 Commitment

Bezüglich des Begriffs Commitment gibt es bei Agile viele Missverständnisse. Manche denken, dass das primäre Commitment der Entwickler:innen, nachdem sie eine bestimmte Zahl von Einträgen für eine Iteration ausgewählt haben, darin besteht, alle diese Einträge zu liefern. Diese Annahme ist kontraproduktiv und führt dazu, dass die Entwickler:innen bei ihren Schätzungen konservativer sind und weniger Einträge auswählen, da niemand gerne beschuldigt wird, sein oder ihr Commitment nicht zu erfüllen. Damit werden sie letztendlich auch weniger Einträge liefern, denn gemäß dem Parkinson'schen Gesetz dauert die Erledigung einer Aufgabe länger, je mehr Zeit man zur Verfügung hat.

Das wirkliche Commitment bei Scrum ist, wie man früher gesagt hat, die Generierung von Wert oder wie man in den neueren Versionen des Scrum Guides liest, das Erreichen der Produktziele.

7.3.2.2 Mut

Scrum-Anwender:innen müssen ähnlich wie XP-Praktizierende den Mut haben, das Richtige zu tun und sind mit schwierigen Problemen konfrontiert.

7.3.2.3 Fokus

Scrum-Anwender:innen müssen sich eher auf die Ziele und die Generierung von Wert konzentrieren als auf den entwickelten Programmcode, wie schnell etwas entwickelt wird (die Geschwindigkeit) und ob alles im Backlog fertiggestellt wurde oder nicht, etc.

7.3.2.4 Offenheit

Was bringt ein adaptives System, wenn wir nicht offen dafür sind, verschiedene Ideen für das Produkt auszuprobieren. Offenheit beschränkt sich jedoch nicht auf das Produkt, sondern umfasst auch die Art und Weise, in der wir arbeiten. Wir müssen offen sein für verschiedene Praktiken (z. B. XP-Praktiken), ja selbst andere Systeme. Das gilt auch für etablierte prädiktive Systeme.

Einige Führungspersönlichkeiten in der Agilen Community im Allgemeinen und in der Scrum Community im Besonderen machen sich diesen Wert leider nicht zu eigen oder versuchen sogar, diesen zu unterminieren. Sie betrachten konkurrierende Systeme selbst dann als Gegner, wenn sie diese gar nicht gut kennen.

7.3.2.5 Respekt

Bei diesem Wert geht es darum, sich gegenseitig, aber auch die Projektressourcen zu achten (z. B. unsere Zeit und unsere Kapazität).

7.4 Das Agile Manifest

Einige Pioniere setzten adaptive Systeme in der IT-Entwicklung ein, aus denen sich nach und nach strukturierte, reproduzierbare Managementprozesse herausbildeten. 2001 traf sich eine Gruppe dieser Pioniere, um der Methode einen offiziellen Namen zu geben und ein Manifest zu erarbeiten.

Das von ihnen erstellte Manifest lautet wie folgt:

> Wir erschließen bessere Wege, Software zu entwickeln, indem wir es selbst tun und anderen dabei helfen. Durch diese Tätigkeit haben wir diese Werte zu schätzen gelernt:
> * Individuen und Interaktionen mehr als Prozesse und Werkzeuge;
> * Funktionierende Software mehr als umfassende Dokumentation;
> * Zusammenarbeit mit dem Kunden mehr als Vertragsverhandlungen;
> * Reagieren auf Veränderung mehr als das Befolgen eines Plans.
>
> Das heißt, obwohl wir die Werte auf der rechten Seite wichtig finden, schätzen wir die Werte auf der linken Seite höher ein.
>
> Kent Beck, Mike Beedle, Arie van Bennekum, Alistair Cockburn, Ward Cunningham, Martin Fowler, James Grenning, Jim Highsmith, Andrew Hunt, Ron Jeffries, Jon Kern, Brian Marick, Robert C. Martin, Steve Mellor, Ken Schwaber, Jeff Sutherland, Dave Thomas © 2001, die oben genannten Verfasser. Die Wiedergabe dieser Erklärung in ihrer Gesamtheit ist kostenlos, darf aber nur mit diesem Copyright-Hinweis erfolgen.

Das Agile Manifest ist ein einfacher Leitfaden, der zeigt, was die Gruppe unter Agile verstand. Leider halten es die meisten Menschen was Agile anbetrifft für der Weisheit letzter Schluss. Dies ist jedoch nicht korrekt, denn das Manifest selbst wurde niemals angepasst. Es wurde einmal von einer kleinen Gruppe von Experten als Reaktion auf ihre eigene Umgebung erstellt und danach nie wieder geändert.

Sehen wir uns die vier Wertaussagen im Folgenden einmal genauer an.

7.4.1 Wertaussage #1

> Individuen und Interaktionen sind wichtiger als Prozesse und Werkzeuge.

Diese Aussage spricht zwei wichtige Probleme an. Das erste Problem ist, dass manche denken, Werkzeuge könnten alle Probleme lösen. Mit anderen Worten, implementiert man ein raffiniertes Projektmanagementsystem, wird dieses wie von Zauberhand alle Probleme in Projekten lösen.

Das funktioniert jedoch nur in den seltensten Fällen. Was wir brauchen sind **Lösungen** und erst danach prüfen wir, ob es möglicherweise Werkzeuge gibt, die uns bei unseren Lösungen helfen. Werkzeuge machen Lösungen nur einfacher, sie sind kein Ersatz für Lösungen.

Das zweite Problem, das in dieser Wertaussage angesprochen wird, sind die Menschen und ihre Interaktionen. Menschen sind kompliziert. Arbeiten viele Menschen gemeinsam an einem Projekt, kann dies zu einer Vielzahl von Problemen führen. Die Wurzeln dieser Probleme liegen im menschlichen Verhalten und man kann nur eines tun: Das menschliche Verhalten aufmerksam beobachten, die Ursachen finden und versuchen, diese zu beheben. Dies klingt einfacher als es ist. Viele Manager:innen versuchen dieses Problem zu lösen, indem sie die Auswirkungen der menschlichen Interaktionen auf das System insgesamt reduzieren (in der Regel durch Entwurf eines anderen Systems). Dieser Ansatz ist zwar in der Theorie valide, funktioniert aber in der Praxis nicht allzu gut.

Laut dem Manifest sind Individuen und ihre Interaktionen wichtiger als Prozesse. In Wirklichkeit aber ist eine wichtige Errungenschaft von Agilen Systemen, dass sie Individuen und Interaktionen wertschätzen. Diese Wertschätzung erfolgt aufgrund der von ihnen geschaffenen Prozesse, die den Menschen in den Mittelpunkt des Systems stellen.

Zusammenfassend lässt sich also sagen, dass Prozesse, die versuchen die menschlichen Aspekte zu ignorieren oder zu ersetzen, wirkungslos sind, wohingegen Prozesse, die sich dieser Aspekte annehmen und sie in das System integrieren, wünschenswert sind.

Diese Aussage gilt universell für alle Projekte unabhängig davon, welche Vorgehensweise für die Entwicklung gewählt wurde.

7.4.2 Wertaussage#2

> ```
> Funktionierende Software ist wichtiger als umfassende
> Dokumentation.
> ```

Im Gegensatz zu der Aussage oben, die auf alle Projekttypen anwendbar ist, handelt es sich hier um eine Aussage, die spezifisch für adaptive Systeme gilt. Die Kernaussage ist, dass man nicht im Vorfeld des Projekts dokumentieren sollte, was im Projekt erwartet wird, sondern funktionierende Software (Inkremente) erstellen und diese dann entsprechend anpassen sollte. Der Grund hierfür ist, dass der Kunde bei dieser Art von Projekt anscheinend erst weiß, was er will, wenn er das Produkt sieht.

7.4.3 Wertaussage#3

> Die Zusammenarbeit mit dem Kunden ist wichtiger als die
> Vertragsverhandlung.

Jedes Projekt profitiert von mehr Zusammenarbeit mit dem Kunden. Bei adaptiven Systemen jedoch ist die Zusammenarbeit mit dem Kunden nicht nur wichtig, sondern wesentlich.

Bei Agile muss der Kunde kontinuierlich mit Ihnen zusammenarbeiten während Sie neue Anforderungen spezifizieren und den Kunden bitten, die Inkremente zu prüfen und dem Team Feedback zu geben. Anderenfalls können Sie das Produkt nicht anpassen.

Die Zusammenarbeit mit dem Kunden mit Vertragsverhandlungen zu vergleichen ist nicht wirklich fair, da es sich um zwei verschiedene Aspekte handelt. In einem idealen Agilen Projekt mit aufwandsbasiertem Vertrag sind Vertragsverhandlungen unnötig und der Kunde und der Lieferanten können ihre von Zusammenarbeit geprägte Beziehung leben. Zwingt man ein Agiles Projekt jedoch zu einem Festpreisvertrag, dann müssen wir diese Vertragsverhandlungen wieder führen.

Mit anderen Worten, ob Vertragsverhandlungen nötig sind oder nicht, richtet sich in erster Linie nach der Art unseres Vertrags und nicht nach unserem Entwicklungsansatz. Nichtsdestotrotz muss gesagt werden, dass ein aufwandsbasierter Vertrag für ein Agiles Projekt deutlich einfacher ist als für ein prädiktives Projekt.

7.4.4 Wertaussage#4

> Das Reagieren auf Veränderungen ist wichtiger als die Einhaltung
> eines Plans.

Diese Aussage gilt, ähnlich wie die zweite Wertaussage, spezifisch für adaptive Systeme. Es gibt im Vorfeld keinen prädiktiven Plan, der uns den Weg zeigt. Agile Systeme leben vielmehr von der Anpassung. Letzteres bezeichnet man bei Agilen Systemen normalerweise als „Veränderung", weil den Kunden die Vorstellung gefällt, alles jederzeit verändern zu können. Streng genommen spricht man jedoch nur dann von Veränderung, wenn etwas vom ursprünglichen Plan abweicht, den es bei adaptiven Systemen jedoch gar nicht gibt. Technisch gesehen handelt es sich um einen kontinuierlichen Fluss neuer Ideen. Bleiben wir jedoch unseren Kunden zuliebe ruhig bei der Bezeichnung „Veränderungen".

7.4.5 Die Prinzipien

Das Agile Manifest ist angenehm kurz. Da die Autoren die neue Agile-Methode jedoch näher ausführen wollten, haben sie ergänzend die folgenden zwölf Prinzipien entwickelt:

7.4.5.1 Prinzip #1

> Unsere höchste Priorität ist es, den Kunden durch frühe und kontinuierliche Auslieferung wertvoller Software zufriedenzustellen.

Wir sind wirtschaftlich tätig und brauchen zufriedene Kunden. Das ist offensichtlich. Heutzutage nimmt man jedoch gerne die Zufriedenheit der User (Benutzer:innen) als ultimativen Maßstab, da diese Gewinne für den Kunden generiert und ihn so früher oder später nachhaltig zufriedenstellt.

Wie also stellen wir die User zufrieden? Wir tun dies mit der von uns entwickelten Software, die das Potenzial hat, Wert (z. B. Geld) zu generieren. Liefern wir früh und kontinuierlich aus, werden wir schneller Wert generieren. Darüber hinaus können wir Anpassungen vornehmen. So erstellen wir ein Produkt, das den Wünschen des Markts entspricht und für das der Markt auch bereit ist zu bezahlen, und kein Produkt, von dem wir nur erwarten, dass es der Markt möchte.

7.4.5.2 Prinzip #2

> Heiße Anforderungsänderungen selbst spät in der Entwicklung willkommen. Agile Prozesse nutzen Veränderungen zum Wettbewerbsvorteil des Kunden.

Es schadet nichts, wenn wir unsere Flexibilität im Hinblick auf Veränderungen stärker vermarkten.

7.4.5.3 Prinzip #3

> Liefere funktionierende Software regelmäßig innerhalb weniger Wochen oder Monate und bevorzuge dabei die kürzere Zeitspanne.

„Lieferung" kann sich sowohl auf die releasefähigen Inkremente beziehen, die wir in unseren Iterationen bauen als auch auf die tatsächlichen Releases (Versionen), die den Usern (Benutzern und Benutzerinnen) zur Verfügung gestellt werden. Dieses Prinzip bezieht sich auf ersteres und empfiehlt einerseits kürzere Iterationen und andererseits nutzbare, releasefähige Inkremente.

7.4.5.4 Prinzip #4

> Fachexperten und -expertinnen sowie Entwickler:innen müssen
> während des Projekts täglich zusammenarbeiten.

Dies verstößt gegen eine Idee, die bei Projekten nach wie vor für Probleme sorgt, nämlich die Fachexperten und -expertinnen (ob Kunden oder andere Experten und Expertinnen) von den technischen Mitarbeitern und Mitarbeiterinnen zu trennen. Die beiden Gruppen betrachten sich gegenseitig manchmal als Gegner, was für das Projekt alles andere als ideal ist.

Außerdem sind Produktanpassungen nur möglich, wenn die Fachexperten und -expertinnen kontinuierlich verfügbar sind. Denken Sie nur einmal an die kontinuierliche Analyse von neuen Funktionen und das Testen von fertiggestellten Einheiten.

7.4.5.5 Prinzip #5

> Errichte Projekte rund um motivierte Individuen. Gib ihnen das
> Umfeld und die Unterstützung, die sie benötigen und vertraue
> darauf, dass sie die Aufgabe erledigen.

Geben Sie den Projektteilnehmern und -teilnehmerinnen keine detaillierten Instruktionen, sondern bringen Sie ihnen Unterstützung, Motivation und Vertrauen entgegen, damit sich die Teammitglieder selbst organisieren und ihren Weg finden.

7.4.5.6 Prinzip #6

> Die effizienteste und effektivste Methode, Informationen an
> und innerhalb eines Entwicklungsteams zu übermitteln, ist das
> Gespräch von Angesicht zu Angesicht.

Agile Methoden bevorzugen persönliche Gespräche (z. B. gegenüber Emails). Wird sie korrekt durchgeführt mit definierten Tagesordnungen und Timeboxing (wie bei Scrum festgelegt), so kann persönliche Kommunikation sehr effektiv sein. Schlecht gemanagte Kommunikation dagegen, kann reine Zeitverschwendung sein.

7.4.5.7 Prinzip #7

> Funktionierende Software ist das wichtigste Fortschrittsmaß.

Die meisten Projekte messen das Falsche. Dies ist ein grundlegendes Problem, denn man bekommt das, was man misst. Messen Sie, wie viele Zeilen Code programmiert werden, bekommen Sie mehr Codezeilen. Messen Sie, wie beschäftigt die Entwickler:innen sind, bekommen Sie stärker beschäftigte Entwickler:innen. Messen Sie die Geschwindigkeit, erhalten Sie eine höhere Geschwindigkeit, was nicht das Ziel ist.

Was sollte also gemessen werden? Das wichtigste Maß ist der generierte Wert und um wie viel näher wir den Produktzielen gekommen sind.

7.4.5.8 Prinzip #8

Agile Prozesse fördern nachhaltige Entwicklung. Die Auftraggeber, Entwickler:innen und User (Benutzer und Benutzerinnen) sollten ein gleichmäßiges Tempo auf unbegrenzte Zeit halten können.

Keine übermäßigen Überstunden vor Releases (Versionen). Ziel ist die langfristige Wertmaximierung nicht ein kurzfristiger Nutzen, der möglicherweise zu Produktivitäts- und Qualitätsverlusten führt.

7.4.5.9 Prinzip #9

Ständiges Augenmerk auf technische Exzellenz und gutes Design fördert Agilität.

Bei adaptiven Systemen besteht die Gefahr von schlechtem Design, da dieses nicht vorab, sondern nach und nach erstellt wird. Praktiken wie die Refaktorisierung und Prozessüberlegungen wie eine ordnungsgemäße Definition of Done (DoD) tragen dazu bei, dieses Problem zu beheben.

7.4.5.10 Prinzip #10

Einfachheit – die Kunst, die Menge nicht getaner Arbeit zu maximieren – ist essenziell.

Was hier relativ kompliziert klingt, bedeutet lediglich, dass mehr Features nicht automatisch besser sind.

In der Einfachheit liegt die Kunst. Wir sollten versuchen, uns bei einer Lösung auf die wirklich nützlichen Features zu beschränken. Dies spart Zeit und Geld (das für andere Projekte eingesetzt werden kann) und senkt die Wartungskosten.

7.4.5.11 Prinzip #11

Die besten Architekturen, Anforderungen und Entwürfe entstehen durch selbstorganisierte Teams.

Anstatt sich über die Ausrichtung eines Projekts zu sorgen, sollte man die Teammitglieder entsprechend befähigen und ihrem Urteilsvermögen vertrauen.

7.4.5.12 Prinzip #12

> In regelmäßigen Abständen reflektiert das Team, wie es effektiver werden kann, und passt sein Verhalten entsprechend an.

Wir müssen akzeptieren, dass unsere Arbeitsweise nicht perfekt ist, wir uns aber in kleinen Schritten verbessern können.

Über den Autor

Nader K. Rad arbeitet seit 1996 an Projekten, zuerst als Projektplaner bei Bauprojekten und später an großen Projekten in der Verfahrensindustrie. Neben dieser Tätigkeit engagierte er sich in IT-Projekten und Startups.

Nach und nach verlagerte er seine Tätigkeit von der Projektplanung auf das allgemeinere Projektmanagement und unterstützte Projektmanager und Unternehmen, ihre Projekt-, Progamm- und Portfoliomanagementsysteme zu verbessern.

Inzwischen arbeitet er in erster Linie an der Verbesserung von Standards und Methoden und ist Mitverfasser von P3.express, NUPP und der 7. Auflage des PMBOK® Guides sowie offizieller Reviewer von PRINCE2®, PRINCE2 Agile®, und MSP. Daneben hält er Vorträge bei Konferenzen und entwickelt e-Learning-Kurse für sein Unternehmen Management Plaza.

Weitere Informationen find Sie unter: https://nader.pm and gemini://nader.pm

Index